14人の
開運プロフェッショナルに
聞いてきました

一生お金に困らない金運の身につけ方、教えてください！

強運研究会 著

KADOKAWA

はじめに

1億円稼いだり、大金持ちになれたりするなら、なってみたい。だけど、こんな時代だから、一生お金に困らない生活ができれば、それは大きな幸運を手にしたのと同じことです。

わずかな可能性にかけた一攫千金より、

1．自分の好きなことや、やりたいことが自由にできるだけのお金

2．将来、安心して暮らせるだけのお金

3．まわりの人を喜ばせたり、楽しませたりすることができるだけのお金……

まずは、遠くのお金持ちより、永続的に続くお金を引き寄せる金運アップを目指してみませんか？

本書では、14人の開運プロフェッショナルの皆さんに、さまざまな金運アップの方

法をうかがいました。

話をうかがって驚いたのは、じつは使うほどにお金が増えていくお金の使い方があるってこと！

本書には、そんな斬新な方法を中心に、引き寄せからや神社参拝、龍神を味方にする方法や宇宙銀行に口座をつくる方法など、さまざまな方法を紹介、個人的に使っているお財布も公開しました。

たくさんの方法があって、どれをやったらいいのかわからないという人は、まずはピンと来たものからはじめてみてください。

さあ、今日から金運アップにはげみましょう！

強運研究会

目次

お金とお財布のエネルギーを浄化すると金運が上がる

中井《なかい》耀香《ようか》

古神道数秘術研究家。運命改善アドバイザー。20代の頃より東洋の占術を老師より学ぶ。その後古神道の伝承者より神のメッセージを数で観る術を学び、占術と融合させ日本人に合った開運方法を伝え、これまで1万5千人の人の人生を好転させてきた。『神様があなたのそばにやってくるすごい「お清め」』（KADOKAWA）をはじめ、著者累積33万部を突破。公式LINE@では無料でコアな開運情報を配信中（@nakaiyoukaでLINE検索を）

お金持ちは心からお金が好き！

私は20代で中国占術を学んだ後、不思議なご縁に導かれて古神道の数秘術に出合いました。それらを融合した独自の方法で1万5000人以上の方たちを鑑定させていただく中で、たくさんの富裕層の方々にも話をうかがうことができました。

そしてわかったことの一つが、**お金持ちは本当にお金が好き**だということです。

そうお話しすると、「えっ⁉ 私だってお金が好きですけど」と思われるかもしれませんね。でも、好きなのはお金そのものであり、お金で買えるものではないでしょうか？

お金持ちが大好きなのは、お金そのものではなく、お金が持つエネルギーです。

お金のエネルギーは自分を幸せにしてくれるだけではありません。人を喜ばせたり、助けてあげたりすることもできます。そのエネルギーで世の中をよい方向に変えていけることを、お金持ちは知っています。そして、日頃からありたがいと感謝するので、お金の神様と相思相愛になるのです。

神様は、「この人を優先してお金持ちにしてあげたら、まわりにも富を伝染させるだろう」と感じると、「ごひいきリスト」に入れてくれます。ごひいきされているから、さらにお金に恵まれ、チャンスに恵まれ、さらにお金に恵まれ、といいことがいっぱい起こるのですね。

いまからお金に愛されるお金持ちたちに共通する習慣を紹介していきます。どれか一つでもマネをして、金運を上げていってくださいね。

習慣1 お金持ちは、お金のせいにしない

お金に愛されるお金持ちは、自分が幸せじゃないことを絶対にお金のせいにしません。たとえば、こんなふうに思ったことはありませんか？

「もう少し夫が稼いでくれれば、生活がラクになるのに」

「もう少し貯金があったら、こんな会社なんか辞めて海外留学するのに」

これって、じつはお金のせいにしているんですね。

お金に愛されるお金持ちは、「ならば、そのために自分は何をすればいいだろう」と考えて、まず行動しようとします。そもそもお金持ちは、**借金を抱えているときでさえ「お金はある」と思っているのです。**

私自身の話をさせていただきますね。私自身、お金持ちではありませんが、この半

生を振り返ると、なかなか波乱万丈です。生活に困窮したこともありますし、無一文のどん底も2回ほど経験しました。

ですが、そんなときでさえ「お金はある。このままで終わるはずがない。こんなにお金が大好きな私をお金が裏切るはずがない！」と信じていました。すると不思議なことに、どんなに生活が大変でも、マイナス50万円まで落ち込んだら、復活するようになってきたのです。

お金の神様に限らず、**日本の神様はツンデレ**です。なかなか振り向いてくれないと感じるときでも、めげずに、「お金はある」「お金が好き、好き！」と言い続けていると、デレてくれるときが必ず訪れます。

ふだんから「お金はある」を口ぐせに。

「お金が好き」だと神様にどんどん
アピールしましょう

そのほうが断然、金運はアップします。

習慣2
お金持ちは稼ぎ方を知っている

じつはお金持ちは宝くじを買いません。「誰かを喜ばせる日々の働き」こそが、お金の神様に愛されると知っているからです。

もちろん、しっかり働いて、楽しみのために宝くじを買うのはかまいません。でも、お金の収支がうまくいかない人ほど、努力を怠って、宝くじで人生の一発逆転を夢見がちです。

お金に恵まれた人生を送りたいなら、**使い方以上に、稼ぎ方**です。稼ぎ方は本当に大事です。自分だけでじゃなく、その影響

宝くじは、あくまでもお楽しみ。一発逆転狙いの発想は金運を遠ざけるので注意！

は孫の代にまで及ぶことも。

お金は人にいい価値を与えて、そのお礼としていただくもの。価値がないものを高額で販売したり、自分だけが儲かるような方法でお金を得たりすると後が怖いのです。

働くとは、「傍をラクにする」ことを意味します。「ほかの人の役に立つこと」ができるようになると、ちゃんとお金の神様が振り向いてくださいます。

習慣3 新札のエネルギーを取り込む

私が通っている歯医者さんとエステサロンは、いつも新券でお釣りをくれます。とても気持ちがいいし、多くの患者さんやお客さんがついているのも納得の心遣いだなと思います。

お金はエネルギーですから、古くなるといろいろな人の波動を吸収しています。お金自体が疲れ切っているのですね。

お金持ちはお金が持つエネルギーがありがたいと知っているからこそ、エネルギーが満ちた新札を用意し、きれいなお金のエネルギーを取り込もうとします。

あなたのお財布にも新札を入れてみてください。

銀行で新券に交換するのが手間なときは、**お札にアイロンをかける**という手もあります。新札ほどまっさらにならないかもしれませんが、お金を敬う姿勢にもつながります。軽く霧吹きをして、低温でアイロンがけしましょう。

〝諭吉様〟はうわさ好きですから、「アイロンがけのサービスがあるんだって」と話題となり、新しい〝諭吉様〟を連れてきてくれます。

私がコンサルティングをさせていただいている会社の社長さんは、お札にアイロンを習慣にしたところ、**業績がV字回復**を遂げました。

洋服のシワを取る要領で。紙幣は燃えやすいので、アイロンの取り扱いにはご注意ください

習慣4 お財布に愛情を持っている

お金持ちの人たちは、大好きなお金をしまうお財布にも愛情を持って、大事に使います。お財布は、たとえるならお金のホテル。お金にだって魂はありますから、ホスピタリティが行き届いた上質なホテルには続々とお金が集まってきます。

汚したり、乱暴に使ったりすれば、お金は居心地が悪くて出て行ってしまうことを、お金持ちはよく知っているのですね。

お財布を整えることは、誰にでもできるはずです。もし、金運に恵まれてないなと思っているなら、今日からお金を引き寄せる財布をつくっていきましょう。

ちなみに、私はこのような財布を使っています。

大公開 私はこんな財布を使っています

古銭を財布の後ろポケットに。古いお金には長い間に培われた豊穣なエネルギーが宿っているため。お金持ちにもらったお金を入れておくのも効果的

小銭は入れず、お札のみ金種別に収納。免許証、会員証、出て行ったお金を象徴するレシートや領収書など、入ってくるお金に関係のないものは入れません

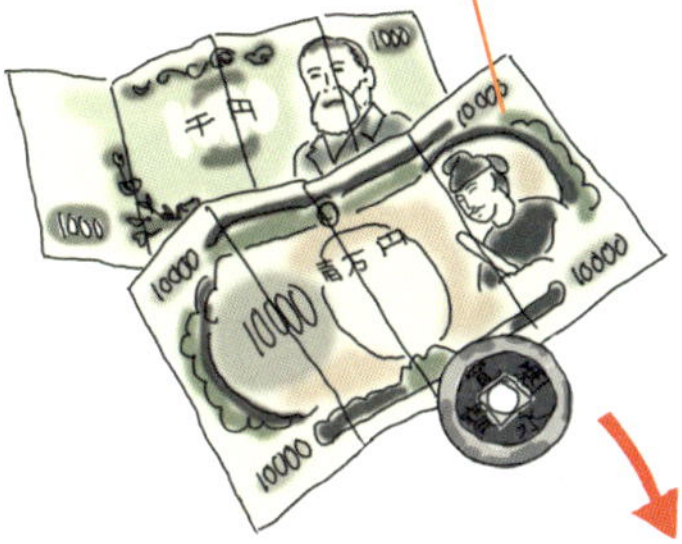

金色のお財布を使っています。金は金貨の色。豊かさの象徴です

「突然、大金が手に入る」とされる旺財サイズ（横 19 cm ×縦 10.5 cm ×マチ 4 cm）を使用

100万円をおろすと巻かれている帯封をお守りに。大金を引き寄せてくれます

金運が舞い込むお財布&お金の使い方

では実際に、お金が舞い込む財布のつくり方を紹介します。

方法1 一万円札はいちばん奥に収納する

手前から、千円、五千円、一万円と、お金の種類別に収納します。一万円札は別格の存在なのでいちばん奥に。**可能なら他の券種と分けて収納する**のがおすすめです。ここは、いわゆるVIPルームになります。

小銭は、別途小銭入れに入れてくださいね。小さなお金たちと一緒にすると、諭吉様のごきげんを損ねてしまうからです。

"諭吉様"にいいうわさを広めてもらえるように、
居心地のよい財布を目指しましょう

もしも、あなたがプレミアム感を味わうために出向いた上質なホテルで子どもが騒いでいたら……。諭吉様も同じで、「いかにくつろげて、特別感を演出してくれるか？」を、いいお財布のポイントにします。もちろん、ゆったりすごせる長財布がおすすめです。

方法2 お札の数はその日の「数霊《かずたま》」にする

お財布の中に入れるお札の枚数を、「数霊」にしておくと開運につながります。「数霊」は古神道から続く数秘術の一つで、それぞれの数は固有の意味をもっています。ただし西洋のカバラ数秘術と異なり、和暦を用いて計算します。

0〜9の数字がありますが、**金運アップにつながるのは「4」「7」**なので、この数にちなんだお札の数を入れておくことをおすすめします。一方、「0」「9」はお金に縁がありませんから、この数は避けましょう。

たとえば、お財布に10万5000円入っていたとします。この場合、数字をばらして足すと、1＋0＋5＋0＋0＋0＝6になります。

そこで、お金をもたらす数字「7」にするために1000円加えます。すると、6＋1＋0＋0＋0＝7 にできます。

1を足せればいいので、100円、10円、1円でもOKです。

この数霊は、日付ごとの金運を占うのにも使えます
たとえば、今日の日付を1桁になるまで足して、「4」「7」になる日は臨時収入など、金運アップが狙える日です。一方、「0」「9」になる日はお金に縁がありませんから、大きな買い物や契約は避けましょう。

方法3 お金を生まないカードは持たない

お財布に、お金を生み出さないカードを入れるのはNGです。私はポイントカードを1枚も持っていません。**ポイントカードからは、「自分だけ得したい」という貧しい波動が出ているような気がする**からです。

よく考えると、得をしているようでいて、お金を使わないと貯まらない仕組みなのですから、本末転倒ではないでしょうか。

方法4 内側を緑か赤にする

金・緑・赤は「繰り返しの財」を呼び込む色です。**この3色はお金を浄化しながら、繰り返し入ってくる周波数を出している**ので、外側が金色で、内側は緑か赤になっているお財布なら最強です。

とはいえ内側が赤、緑になっているお財布はなかなか見つけにくいかもしれません。その場合は、金色のお財布の内側に、緑と赤のフェルトや紙を入れておくとよいでしょう。

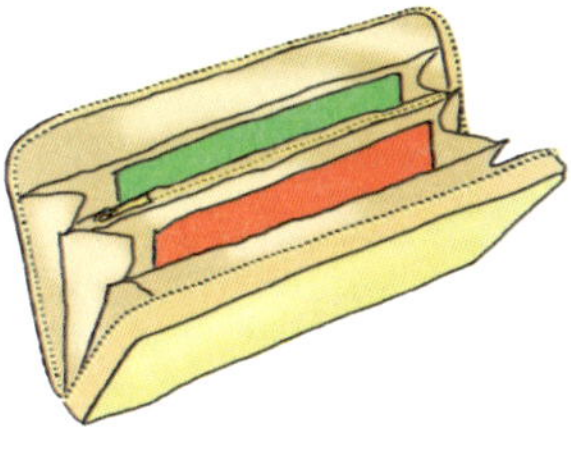

方法5 一万円札はなるべく使わない

お金を支払うときは、できるだけ千円、五千円を使いましょう。一万円札は別格です。ここぞというときに出すだけにすると、諭吉様が「大切にされている」と喜びます。私は即戦力として、いつも五千円を多めに持つようにしています。

お金を支払うときは、「ありがとうございます、いってらっしゃいませ」と、気持ちょく送り出してくださいね。

上質な空間でわが家のようにくつろがせてくれて、チェックアウト時には、「お気をつけて、いってらっしゃいませ」と笑顔で送り出してくれる一流ホテルマンのようにです。

そして、再訪したお客様には、笑顔で「おかえりなさいませ」ですね。あなたも、諭吉様をお迎えする超一流のホテルマンを目指しましょう。

お財布のエネルギーは浄化することで保たれる

お札は新札に替えたり、アイロンをかけたりすることで浄化できますが、もちろん、小銭にも浄化が必要です。

小銭は、500円から1円まで、みんなで一緒になってワイワイとにぎやかに過ごすのが好きです。しかし、一日中、いろいろな人の手と場所を渡り歩いて疲れ果てていますから、**60日に1回巡ってくる辛巳《かのとみ》の日**（すべての人が福徳を授かるとされる縁起のいい日）**に洗って、お清めしてあげましょう**。

やり方は、水道水で洗って、ざるにあげて乾かすだけ。お清めした小銭を活発に出し入れすると、お金の集客力も高まります。

ちなみに、2018年の辛巳は、2月18日(日)、4月19日(木)、6月18日(月)、8月17日(金)、10月16日(火)、12月15日(土)です。


では最後に、財布を買い替える目安についてお話しましょう。

大切に使ったお財布は18か月をローテーションとして取り替えるのがおすすめです。それ以上、年季が入るとお財布のエネルギーが汚れてきます。

18は観音様と天照大神様と神縁のある数字なので(毎月18日は観音様のご縁日です)、18か月周期で新調すると、お財布の力を安定させることができます。

ざるに小銭をまとめてのせて、水道水を流しながらじゃばじゃば洗うだけ。習慣化するのがおすすめです

さまざまな方法を紹介してきましたが、お金を心から好きになって、大事に扱ってあげるだけで金運はどんどん変わってくるので、今日から少しずつ始めてみてくださいね。

新しい時代の豊かさは月星座がもたらしてくれる

Keiko《ケイコ》

(社)ルナロジー協会代表理事。実業家。「占星術は占いではなく、天空のエネルギーを読み取るスキル」というポリシーのもと発信される開運情報は政財界・芸能界にもファンが多く、メルマガ読者は6万人を超える。著書に『お金の「引き寄せ力」を知りたいあなたへ Keiko的Lunalogy』(マガジンハウス)、『新月・満月のパワーウィッシュ Keiko的 宇宙にエコヒイキされる願いの書き方』(講談社)などがある。

「リッチマインド」を磨く方法

リーマンショックが起こった２００８年、占星術の世界でも大きな変化が到来。人々が競争することによって繁栄してきた**「太陽の時代」が終わり、世界は「月の時代」に入りました**。これからは、争わずに自分らしく生きることが、人生の幸福度を高めるカギ。じつは、和を重んじる日本人は月の生き方が大得意、リッチになるチャンスも高いのです。

私たちは、いまも太陽の時代の名残で西洋的な考え方や文化に慣れ親しんでいますが、**勝ちにこだわる成功哲学は、もう通用しなくなっていくはず**です。なぜなら、すでに始まっている月の時代では狩猟民族的な「いかにして相手を倒すか」という思考ではなく、農耕民族が大切にしてきた「愛と調和」がベースになるからです。

これまで2千年以上も、人類は闘争心をエネルギーに発展してきました。でも、このまま突き進むと、いずれ大きな戦争も回避できなくなって地球が滅びてしまう。だから宇宙が止めたのでしょう。

これからは、**周囲と一緒に幸せになろうとする人が、うんと幸せで豊かになってい**

ける時代です。

私は欧米人とよく仕事をするし、彼らのことが大好きです。だからこそ感じるのは、西洋人の分かち合いや思いやりの精神というのは、キリスト教に基づく教育によって育まれる面が大きいということ。

いっぽう、稲作を中心として共同体をつくってきた農耕民族のアジア人は、紀元前からまわりと協力をしながら田植えをして、実りを分け合って生きてきましたよね。ナチュラルに人を思いやって、「よろしかったら、あなたもどうぞ」と言える民族なので、DNAレベルで月のマインドを持っているのです。

本当に幸せなお金持ちは、**行動とお金を循環させて、「自分の行動によってお金を生み出し続けることができる」人**です。行動の中には、仕事、学び、分かち合いも含まれます。

お金が入ってきたとたんに働くことや学ぶことをやめてしまう人、独り占めしようとやっきになる人も少なくありません。もちろん、貯金も悪くはないけれど、貯める一方ではエネルギーを停滞させるだけ。勉強や体験にお金を遣いつつ、仕事を通して自分を成長させていくのが理想でしょう。

では、「月の時代」に大切な考え方をいくつかご紹介しましょう。

考え方1 他人にお金をシェアする

リッチマインドを育てるのは、先ほどもお伝えしたように「シェアする行動」です。共存共栄の月の時代に入って、**シェア思考を持つ人は、ますます上昇気流に乗って大きな豊かさを手に入れます**。

「もっとお金がほしい」と思うなら、まず自分から与える。ほしいものは、自分から差し出すのです。たとえば、小さな額でかまわないので、手持ちのいくらかをコンビニや街頭の募金箱に入れるところからスタートしてみましょう。

私は、OL時代に「国境なき医師団」への寄付を始めました。

会社員の間は、給与ベースが決まっているから、目に見える大きな変化こそなかったものの、なぜかいつも上司から可愛がられ、実力以上の評価をいただいていることは実感していました。

お給料の大半を寄付にまわす、などという必要はありません。それでは本末転倒です。ちょうどいいのは、あなたが「ちょっと痛いな」と感じる金額です。

考え方2

「手を差し伸べる人」にミラクルが起きる

自分の子どもやペット、あるいは恋人、家族。とても愛しい存在を思い浮かべてみてください。自分のことは後回しにしても、なにかやってあげたいと思いませんか。それに近しい気持ちをまわりの人にも抱けたら、真のリッチマインドが光り輝きます。一瞬、困難に感じるかもしれないけど、人間の本質は愛。本来、難しいことではありません。**困っている人がいたら手を差し伸べるというとてもシンプルなこと**です。

手を差し伸べた結果、「より大きくなって還ってくる」体験をすると、ちゃんと愛を与えるスイッチが入っていきます。

寄付の目安が「ちょっと痛い」と感じる程度と同じように、手を差し伸べるときは、あなたが「少しもったいないかな…」と感じるくらいのことをして、人を応援してあげるのです。そうやって、**「ちょっともったいない」を手放すたびに、リターンを受け取るスペースが広くなっていきます**。

たとえば、9割方、あなたが貢献して成功させたプロジェクトがあったとします。あなたが「○○さんが本当によくやってくれたんです」と、同僚や部下の働きを上司にアピールした結果、その人たちが引き立てられることに……。

そんなとき、ちょっとした後悔や、自分が遅れをとったように思うかもしれません。でも、後日、必ずそれを超えるチャンスが巡ってきます。なぜなら、それが宇宙の法則だから。宇宙の采配はいつだって完璧なのです。

食べ物のお裾分けもいいですね。おいしいものに出合ったら、親しい人たちもシェアしてみましょう。

たとえば、外出先でたまたま、おいしいシュークリームのお店があったとします。部署の人全員用のおみやげにするのは大変だけど、自分のまわりにいる人達の分くらいなら買って行けますよね。

洗面台を使ったら、あとの人が気持ちいいように拭いておく、笑顔で自分からあい

「ちょっともったいない」と思ったときこそ、金運を上げるチャンスです

さつするなど、**ふだんから人が喜ぶ行動を心がけると、ツキがどんどん回り出すのを感じる**はず。

とくに、笑顔は自分の波動を幸せなものにして、見た人もいい気分にする幸運の引き寄せツール。つい真顔で話すクセがある人は、笑顔を多くするように意識するだけでも変化を実感できるでしょう。

方法3「感動」と「学び」に投資する

「ちょっと贅沢かもしれない」と感じても、**あなたが心から感動できることなら、迷わず自分に投資をしましょう**。

この世の豊かさと美しさを味わって、たくさん感動してください。あなたの五感が喜ぶたびに、宇宙からシャワーのように降り注いでいる豊かさをキャッチできます。

学ぶこと。そして、感性が満足するような体験をすること。

この2つへの投資を惜しまない人は、リッチマインドが磨かれて、金運がグンと高まります。

上質なもの、一流のものを味わうために遣うお金は、けっしてムダにはなりません。

お金は、高い感性をもつ人のもとへ転がり込むからです。

月が牡牛座と蠍座にいるときは金運アップの大チャンス

新月は、「始まり」「スタート」のエネルギーを持ち、いっぽう**満月は「完成」「成就」**のエネルギーを持っています。

性質は違っても、どちらも月のエネルギーが最大になるとき。新月・満月はあなた自身と金運をキラキラに磨き上げられる日なのです。

とくに12星座の中で**金運を司る牡牛座と蠍座で新月・満月になるときは、そのパワーも最高潮**に。自分の月星座（これについては後述）が牡牛座や蠍座でなくても大丈夫！　誰もが豊かさの恩恵にあずかれる

牡牛座と蠍座は、ともに金運に強い月星座ですが、
金運の種類はちょっと違います

ときですから、ぜひ活用してください。

お財布を新調するのも、このタイミングが最適。新年にお財布を新調すると金運アップにつながるという話もありますが、私は牡牛座と蠍座の新月・満月の日をおすすめします。

牡牛座は「コンスタントに入ってくる金脈」を意味し、蠍座は「財産・資産を拡大する金脈」。安定所得と不労所得の違いといえばいいでしょうか。

長年、私が研究した結果、新月と満月に大きな違いはないので、あなたの好きな日にトライしてくださいね。毎年、日付は変動しますが、**チャンスは年間4回**あります。

※2018年は、蠍座満月（4月30日）、牡牛座新月（5月15日）、牡牛座満月（10月25日）、蠍座新月（11月8日）、の4日間。

お財布の買い替え周期が大事

お財布の色、形、素材などは、あなたが直感で気に入ったものを使うのがいちばんいいと思います。

私は**1年を限度として買い替え**ます。お金は人が行動した結果なので、いろいろな人のエネルギーを吸収します。そのお金を収納するお財布もエネルギーをとても消耗

大公開　私はこんな財布を使っています

金運のパワーを引き寄せてくれる、
マゼンタピンク

クレジットカード主義のため、持ち歩く現金は２～３万円程度。私は意外とそそっかしく、ときどきお財布を落としたりするのですが、ありがたいことに必ず戻ってきます

「貯めすぎること」は停滞につながってエネルギーが循環しなくなるので、中身は少なめに。小銭は持ちすぎないよう定期的に募金箱へ入れます。ポイントカードは好きではないのでほとんど持ちません

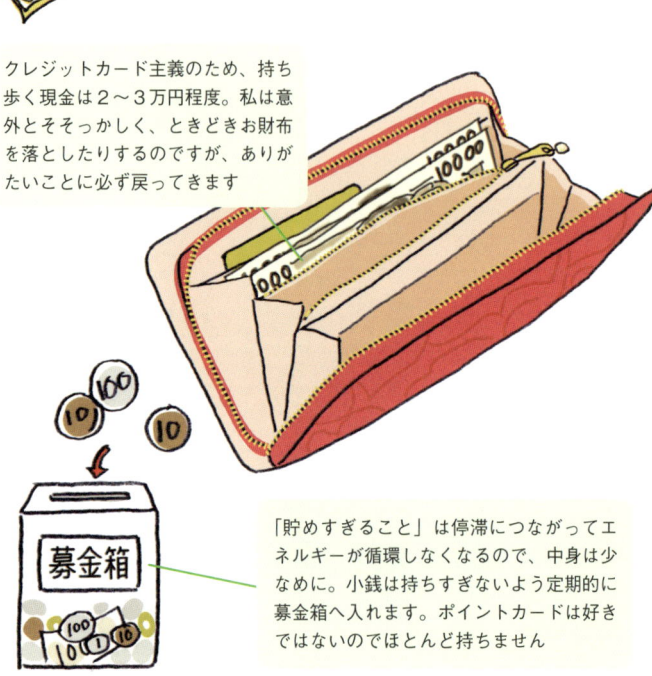

します。

見た目とエネルギーの古さは別。とくに現代は運気の流れが速いので、**5年も同じ財布を使うのは、ひと昔前のエネルギーを持ち歩くようなもの。**

消耗品なのでとびきり高価である必要はないけれど、安いお財布や大量生産でつくられたお財布などは、あまりおすすめしません。

食べ物と同じだと考えてみましょう。大量生産のカップラーメンと、高級ではなくても小料理屋の女将さんが一日がかりでていねいにつくった煮込み料理では、波動の輝きが圧倒的に違います。

「自分を豊かにする仕事」は見極められる

ものすごく努力をして、がんばって働いているのに、なかなかお金が入ってこないと感じているのだとしたら、そしてそれが事実なのだとしたら、**自分の仕事について少し考えてみるタイミング**なのかもしれません。

その仕事が、あなたが持って生まれた「豊かさ」を引き出すものであるのかどうか、見極めるポイントがあります。

見極めるコツ1

普通にしていてもほめられる

自分に向いている仕事だと、特別な苦労をしなくても周囲に喜ばれて、ほめられるもの。だから、「私に向いている仕事がわかりません」と考える必要はありません。

もし、仕事をしている中でまるで評価されず、不本意に感じることが多いなら、あなたの金脈はそこにはないのかも。

人に喜ばれ、感謝され、認められていると実感できる場所を探してみては？　自分が得意で、なおかつ人からほめられる仕事を意識してみましょう。

そんなにがんばっているつもりはないのに評価されるなら、あなたはその仕事が適職です

見極めるコツ②

「自分の月星座」を強く意識する

仕事をすれば、ある程度の収入は入ってきます。でも、あなたがもしそれ以上の富を望むのなら、月の力を借りないと実現はむずかしい。**ミリオネアには努力だけでなれても、ビリオネアには宇宙の加護が必要**なのです。

その際、いちばん確実なのが「月星座」。月星座はあなたの才能、能力、適性、センスの「源」だからです。豊かな人生を望むなら、自分の「月星座」をぜひ知っておいてください。

月星座とは、生まれたときの月の位置のこと。たとえば、生まれた日に月が獅子座にあったとしたら、あなたの月星座は獅子座になります。

通常、星座占いに使われているのは太陽星座ですが、「この人と同じ星座だけど、私とは性格が似てない」と感じたことはありませんか？

太陽星座が示すのは、その人に与えられた人生の「テーマ」。より詳細に個人を分析するには、生まれたときに月や金星など10の天体がどこに位置していたのか、そのすべてを総合する必要があります。

私がクローズアップする**月星座からは、生まれ持った個性、才能、センス、心に秘**

めた願望がわかります。

才能やセンスという「強み」は、あなたが生まれるときに宇宙がくれたギフトです。自分が両手に抱えたギフトの存在を知らないまま、お金を引き寄せようと思ってもうまくいきません。それでは**見当違いの努力をして、金脈とまるで違う場所を掘り続ける**、っていうことにもなりかねないから。

あなたが豊かになるための行動とは、どんなものなのか？　向いている職種は？　仕事のスタイルは？　月星座はそのポイントをすべて教えてくれます。

あなたの月星座はリッチの扉を開く魔法のカギ。誰でも、この素晴らしいカギを持っています。

月星座は、私のサイトにアクセスして、生年月日、生まれた時間、生まれた場所を入力すれば、すぐに検索できます（http://moonwithyou.com/）。

星座別「幸せを呼び込む」キーワード

最後に各月星座の特性と得意分野のエッセンスをキーワードでご紹介します。**自分を生かせる仕事探しや豊かな人生のためのヒント**として活用してみてください。

お金の引き寄せは、引力を持つ月がもっとも得意とするところ。月星座に合ったライススタイルと働き方をすると、自分だけの金脈が見つかります。月星座に従うと、水を得た魚のようにラクに力を発揮できる自分を実感できるのです。

星座別「幸せを呼び込む」キーワード

牡羊座

12星座のトップバッターにふさわしい群を抜いた機動力と、逆境をはねのける強さを持つサイン。新天地、新しいスタート、0からのチャレンジ、心機一転、独立、起業、トップ、オンリーワン、パイオニア、女性初、スピーディ、情熱をもって、勇気、ダイナミックに、やる気。スポーツやエクササイズ、顔、髪、頭に関係すること。

牡牛座

才能やセンスや感性をお金に換えて、富と豊かさを生み出すサイン。収入、富、衣食住、芸術、専門技術、職人技、生まれ持った、植物、花、オーガニック、エコ、グラウンディング、リッチな、上質な、ハイクオリティの、着実に、コンスタントに、安心する、味わいつくす、確実に、享受する。首、のど、声、甲状腺に関係すること。

双子座

タイミング（情報）を支配するサイン。知識、学習、言葉、執筆、読書、会話、かけひき、ユーモア、アイディア、思考、スマホ、SNS、ブログ、トレンド、リズム、友人、兄弟姉妹、友情、通勤、通学、旅行、多才な、マルチな、おもしろい、フレッシュな、臨機応変に、ベストタイミングで。手、腕、肺、呼吸器に関係すること。

蟹座

家庭や家族関係を支配して心の拠り所を与えるサイン。親子、親友、幼なじみ、ファミリービジネス、妊娠、出産、子育て、しつけ、マイホーム、リフォーム、インテリア、私生活、月光浴、リラックス、フード、食卓、キッチン、愛情深い、親しみやすい、親切にする、味方になる、団結する、介護する。胸、バストに関係すること。

獅子座

楽しみながら願いを叶えるサイン。チャームポイント、自己表現、プライド、クリエイティビティ、自信、笑顔、VIP、有名・著名（人）、ドラマチック、感動、ドラマ、恋愛、パーティー、天真爛漫、ヒロイン、派手、存在感、女優、歌手、タレント、大胆に、ゴージャスに、人前に立つ。心臓、背中、姿勢、血流に関係すること。

乙女座

スムーズに機能しないことをスッキリと調整するサイン。サポート、気配り、秘書、オフィス、スケジュール、事務処理、ルーティーン、断捨離、生活習慣、ダイエット、ヒーリング、医学、ハーブ、漢方、ホメオパシー、管理、分析、資格、緻密、清々しい、凛とした、ニーズに応える、改善する。胃腸、消化機能に関係すること。

天秤座

出会いから恋愛・結婚まで男女関係を一手に引き受けるサイン。恋愛、結婚式、ソウルメイト、エンゲージリング、ウェディングドレス、社交、ビジネスパートナー、共同経営、コラボ、愛、調和、フェア、バランス、マナー、容姿、ヘア&メイク、ファッション、エステ、エレガントな、ときめく。ウエスト、腰に関係すること。

蠍座

生と死、復活と再生、性とセックスなど変容を支配するサイン。リセット、瞑想、リベンジ、ご縁、過去世、先祖、DNA、銀行、保険、株、投資、不動産、不労所得、ライフワーク、神秘的、ランジェリー、秘術、サイキック、本物の、マニアックな、絆を深める、受け継ぐ。子宮、卵巣、生理、ホルモン、セクシャリティに関係すること。

射手座

楽観的に明るい未来をイメージさせるサイン。旅行、冒険、アウトドア、未知の分野、海外、寛大、陽気、棚ボタ、ラッキー、専門教育、大学院、国家資格、バイリンガル、アカデミック、屈託のない、自然体、ヘルシー、思うままに、のびのびと、トライする、うまくいく、広げる、駆け抜ける。ヒップ、太ももに関係すること。

山羊座

結果を出し、社会的評価を得るためのサイン。ステイタス、肩書、白羽の矢、第一人者、訓練、計画、土台、成長、目標達成、ハイクオリティ、皇室（王室）御用達、名門、老舗、伝統芸能、正統派、国家、日本、組織、確実に、コツコツ、到達する、合格する、出世する、ヘッドハントされる、歯、骨、間接、皮膚に関係すること。

水瓶座

改革や革命を意味し、現状打破するサイン。同志、人脈、フリーランス、共同作業、世界全体、斬新、宇宙からのサイン、占星術、ボランティア、NPO、インターネット、SNS、システム、プログラミング、合理的に、リベラルに、ドラスティックに、超える、簡素化する、効率化する。ふくらはぎ、くるぶし、代替医療全般に関係すること。

魚座

ひとつのサイクルの終わりを告げる締めくくりのサイン。無条件の愛、祈り、世界平和、いたわり、共感、貢献、許し、ヒーリング、スピリチュアル、ファンタジー、空想、天使、精霊、タロット、オラクルカード、音楽、芸術、CG、ダンス、写真、アロマ、お酒、海、サーフィン、感覚的な、治す。足、リンパ、睡眠に関係すること。

「宇宙におまかせ」。ただそれだけで、お金と幸運が舞い込みます！

大木《おおき》ゆきの

小学校教師、コピーライター、国家的指導者育成機関の広報を経てスピリチュアルの世界に。「宇宙にお任せして、魂が望むように生きよう」と決意したときから想像を超えた出来事が起こるようになり、自由で豊かな生活を手に入れる。この奇跡をたくさんの人に伝えたいという魂の衝動から、情報発信のためのブログを開設、注目の的に。著書に『あなたが生まれたとき、世界中がよろこびました』（ＰＨＰ研究所）などがある。

お金に困らないと思っていると、本当にお金に困らない！

先行きが不安定ないまの時代、誰しも将来のお金に対する不安があるかもしれませんね。でも、「絶対お金に困らない」と思って生活していれば、じつはお金に困りません。そんなにカンタンに行くの？　って思うかもしれませんが、真実ほどじつはシンプルです。

そのヒントは「宇宙」にあります。私はすべての創造の源を「宇宙」と呼んでいます。深い瞑想状態に入ると、宇宙が無限の豊かさそのものであることがわかります。つまり私たちは無限の宇宙から生み出された豊かさの申し子なんです。

つまりそんな宇宙の周波数に同調していれば、宇宙の持つ無限の豊かさも自動的に流れ込むようになるので、本来、お金に困るなんてことはありえません。

なのに、なぜ日々満たされず、豊かさを感じられないのかというと、自分のことをありのままで完全な存在ではなく、あそこがダメ、ここがダメって勘違いしているからです。なぜ自分をダメ人間だと思ってしまうのか。それは、あなたの魂の望みではなく、世間が考える幸せの基準に無理に自分を合わせようとしているからです。

たとえば、あなたがこんなことを思ったとします。

「洋服が好きだから、自分でデザインしてネットで販売してみたい」

「今年40歳になるけど、もともと興味のあった業種に転職しよう」

するとまわりは「そんなことで生活できるの?」「世間はそんなに甘いものじゃないよ」などと言ってきます。しだいにあなたも「そうかもしれないな」「やめたほうがいいかも……」と弱気になってあきらめます。

でもここで、「**私はそもそもありのままで完全だ。必要なものはすべて持っている。好きなことをやって幸せになることだってできるんだ**」と素直に思えたら、世界は変わります。

ありのままの自分を完全な存在だと認め、魂が歓ぶ生き方をすれば、周波数は一気に宇宙とシンクロし、豊かさも流れ込むようになります。

魂が満たされる生き方をしていると、**そもそも生きていること自体を幸せだと感じられる**ようになります。

雨風を凌《しの》げる家があり、ちゃんと毎日ごはんが食べられる。それだってとても幸せなことなんですよ。

そんな小さなことにも幸せを感じられるようになると、一日中幸せな気分になり、周波数が安定的に宇宙と同調するようになります。そうなると、想像さえしなかったところから、豊かさが流れ込んできます。お金はもちろん、出会いやチャンスなどもやってくるようになります。

私はこれまでに、小学校教師やコピーライターなど、さまざまな職業に携わってきました。最初はそんなに給料が高くありませんでしたが、つねに「私はお金に困らない」というスタンスでいたので、**結果的にいつも人よりお金が入ってくる状態**になりました。

小学校の教師という安定した職を手放すときにはまわりから反対されましたが、念願だったコピーライターにもなれましたし、こうしていまはスピリチュアルの世界で仕事をはじめて、以前よりずっとラクに幸せに稼げるようになりました。

いつも自分はそもそも無限の豊かさである宇宙から生み出されたのだから、お金に困ることなんてありえないと信頼すること。そして**魂の歓ぶほうを選び続けていく限り、心配しなくても、宇宙から豊かさがどんどん流れ込む**ようになります。

お金が舞い込む人と、お金に振り回されてしまう人の4つの違い

お金をたくさん持っていても不幸せな人がいる一方で、それほど裕福ではないけれど幸せな人もいます。

でも、できることなら幸せなお金持ちを目指したいところ。そのために必要なことは、宇宙の特性を理解して、おまかせするだけ。テーマごとにおまかせの秘密をお伝えします。

おまかせの秘密 1

✕ お金に振り回される人は、つねにお金のことを考えている

◯ お金が舞い込む人は、お金のことを一度考えたら、あとは手放す

お金のことを考えている人より、考えていない人のほうが金運に恵まれる。矛盾しているようですが、本当の話です。でも、考えてみてくださいね。

「もっといっぱい稼いで、将来が不安なく過ごしたい」

「もっと出世して、周囲から評価されたい」という願いは、「いまは稼げていない」「いまは出世していない」という、ない状態から始まっています。人が意識を集中したことは現実化しやすいですから、**「ない」に意識が集中している状態では、「ない」状態が実現してしまいがち**なんです。

反対にお金に恵まれる人は、実際に成功しているかいないか、お金を持っているかいないか、にはこだわりません。「ありのままの自分で完全だ」「生きること自体が幸せだ」という満ち足りた状態にあります。お金は満ち足りている周波数のところに寄ってきますから、いつのまにか金銭的な豊かさも手に入れることができるのです。

今日も幸せだわーっ
もっといっぱい稼いで将来の不安がなくなりますように…

なるべく自分のダメなところに思いの
エネルギーを集中させないこと！

もっと金運UP！

「こうありたい」というイメージングはいらない。ただ「そうなる」と確信するだけでいい。

なりたい自分をイメージするほうが、願いが叶いやすいという考え方もあります。ですがこのやり方だと、**最大でもイメージしたとおりのものしか手に入りません**。それ以上の恩恵を受けられるかもしれないのに、自分で制限をかけてしまうのはもったいない！　私たちは、ただ「幸せなお金持ちになる」と確信するだけ。それだけで、自然とお金はあなたのところに流れてきます。

おまかせの秘密②

✕お金に避けられる人は、将来への不安から貯金に勤しんでいる

◯お金が舞い込む人は、「お金に困ることはない」と思って暮らす

「老後が心配だから貯金しておかなきゃ」

「病気になって働けなくなったらどうしよう」

そんな将来への漠然とした不安から、一生懸命貯金に勤しむ人がいますが、エネルギーが集中している部分は具現化しやすい、と先ほどもお伝えしたとおりです。「老後が心配」「病気になったら……」と考えていると、そのとおりのことが現実化してしまいがちです。

あなたに必要なのは、「お金に困ることはない」と考え、いまやりたいことをやって歓びとともに生きることだけ。

年齢も関係ありません。いまのあなたが自分を愛し受け入れていて、かつ行動に移す勇気さえあれば、やろうと思えばなんでもできるはず。いましかできないことに挑戦して、豊かな経験を積み重ねましょう。

お金は魂の歓びや挑戦に使う人の元に寄ってきます。本当に魂の歓びに生きているなら、それによってお金に困ることはないのです。

もっと金運UP!

自分をふるいたたせる呪文は自分にフィットする言葉を選ぶ

そうなってほしいことを意識にインプットするためには、「～ない」という否定の言葉を使うのはよくないという考え方もあります。だから、「お金に困らない」よりも、「お金がどんどん入ってくる」といった言い方にしないといけないと思うかもしれませんが、**語尾にこだわる必要はない**と思っています。

私自身「お金には困らない」と言い続けて、実際そのとおりになりました。**大事なことは言葉にどれだけエネルギーを込められるか**なんです。だから、自分にいちばんフィットする言葉を探してくださいね。

そして、その言葉を毎日朝晩繰り返すんです。それだけその言霊はあなたの意識を変え、幸せなお金持ち体質に変えてくれるでしょう。

「老後のために……」と心配ばかりしていると、心配しなきゃいけない現実を引き寄せてしまいます！

おまかせの秘密 3

✕お金に振り回される人は、お金を出し惜しみする

○お金が舞い込む人は、「これだ！」と思ったことには惜しまず投資する

英会話スクールに通いたいと思ったら、どんなスクールを選びますか？

何かを真剣に学びたいと思うなら、「安いから」という理由で選ぶのはもうやめましょう。あなたの熱意は、その学校でいちばんいい先生の、いちばん充実したコースにしか見合わないはず。

その場合金額も張ることも多いかもしれませんが、そこであきらめないこと。その場では少し高額に感じても、本気でしっかり学べば、金額以上の価値を受け取ることができます。**おっかなびっくりお試しコースでお茶を濁す学び方をすると、力がつかない**ので、結果的にお金のムダ遣いになってしまいます。

私は意識の周波数を上げるコースにどうしても参加してみたくて、アメリカまで習いに行ったことがあります。その授業料はけっこう高く、お金を払うのに勇気がいりました。でも帰国してセッションを開始したら、かかった費用と同じだけの収入をすぐに得ることができました。

宇宙は、あなたが満たされ、幸せになるように毎瞬あなたを導いています。そのことを考えただけでワクワクすることなら、それは宇宙の導きです。本当はやりたいのに、「私にできるかな?」となかなか勇気を持てないことに対して「やったら面白いよ」「やったらうまくいくかもよ」とチャンスを提示してくれているのです。

だからそんなときに、**目の前の数字に左右されないこと**。こういうときほど妥協せず、徹底的にやれば大きな成果が得られます。

おまかせの秘密4

✕ お金に振り回される人は、お金の召使い
○ お金が寄ってくる人は、お金のご主人様

世の中には、お金がたくさんあっても、お金を稼ぐことに忙しくてゆっくり人生を楽しむ余裕のない人がいっぱいいます。そういう人は、お金の召使いのような状態なので、お金に振り回される人生になってしまいます。

でも魂が満たされ、真に幸せな生き方をすることが豊かさだと思っている人は、**お金の上に立つ、お金のご主人様**です。もしもお金のご主人様になれたなら、お金のほ

うがそんなあなたのために使ってほしくて寄ってきます。

しかも寝る間も惜しんで仕事しなくても、幸せで充実した生き方をしているあなたの生み出すものは、当然のことながら価値が高いものになるので、**それほど長時間働かなくても、大きな豊かさが流れ込んできます**。

お金にあなたの主導権を渡すのか？

それともあなたがお金の主導権を握るのか？

お金の主導権を握りたいならば、あなたがどういうスタイルで仕事をすればベストコンディションでいられるかをしっかり認識し、そんな環境を少しでも自分に与えるようにすることです。

宇宙におまかせする、究極のお願いのしかた

「10ＬＤＫの家と、ベンツの最新の車もほしい。そして一年間の世界一周旅行にも行きたいので、お金持ちにしてください」。たいていの人は、このように詳細を設定した願い方をします。それもそれで別にかまいませんが、先ほどもお話ししたように、それでは、想像を超えるようなことは起こりません。なぜならわざわざ受け取るもの

を限定してしまっているからです。

「宇宙」からのミラクルはこんなものではありません。そんな想像を超えるようなミラクルを受け取りたいのだとしたら、あまり詳細に限定せず、だいたいの方向性を伝えるだけでいいのです。

「『宇宙』におまかせしますから、（○○○＝叶えたい願いごとをここに入れる）助けてください。それによってどうなろうと、何が起こっても完全におまかせします」

ここで重要なのは、「**どうなっても何が起こっても、完全におまかせします**」という部分です。あなたが「おまかせしたからにはどんなことでも受け入れる」という覚悟で臨めば、「宇宙」はあなたの想像を超えるスーパーミラクルをもたらしてくれま

最初は慣れないかもしれませんが、言い続けているうちに体に染み込んでいきます

す。

宇宙におまかせするには、ありのままの自分を完全であると受け入れることが何よりも大事です。

朝目覚めたら、**横になった状態のまま両手を胸の中央に重ねて「私はありのままで完全です」と心の中で唱えましょう**（前ページイラスト参照）。ベッドに入って寝る前にも、ぜひやってください。寝起きや寝る直前の意識状態で唱えることで、潜在意識に浸透しやすくなります。

一度完全だということが浸透してしまえば、何があっても中心に戻ってきやすくなります。このペースができれば、ますます「宇宙」とのつながりが強固になります。

「宇宙におまかせ」の境地になると、想像以上に
ツイている出来事がやってきます

大公開 私はこんな財布を使っています

お財布に限りませんが、ふだん使うものは自分が気に入っているかどうか、使いやすいかどうかを大切にしています。その感覚も宇宙の導き。細かいことは気にしていません

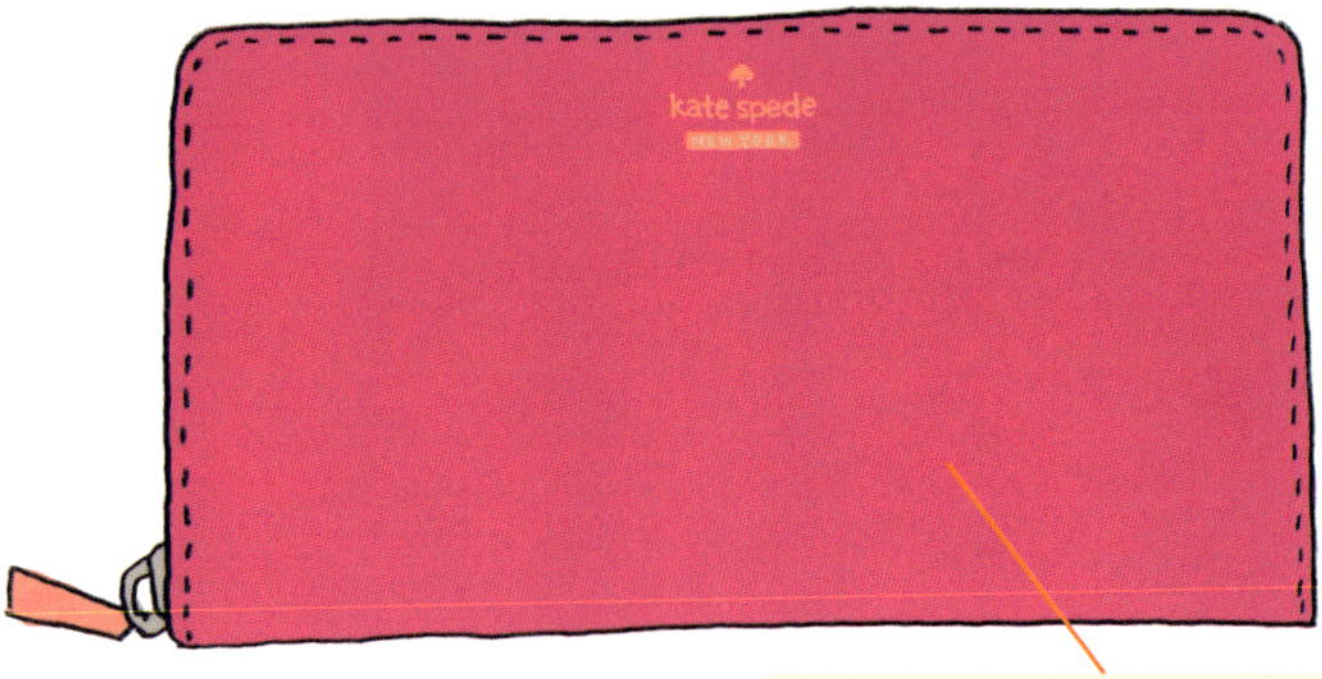

メタリックのキラキラ感が好きで、さらにマゼンダピンクはこの世の中でいちばん好きな色です

仕切りが多く、カード類や紙幣を整理するのに便利。カード類は、よく使うものだけを入れています

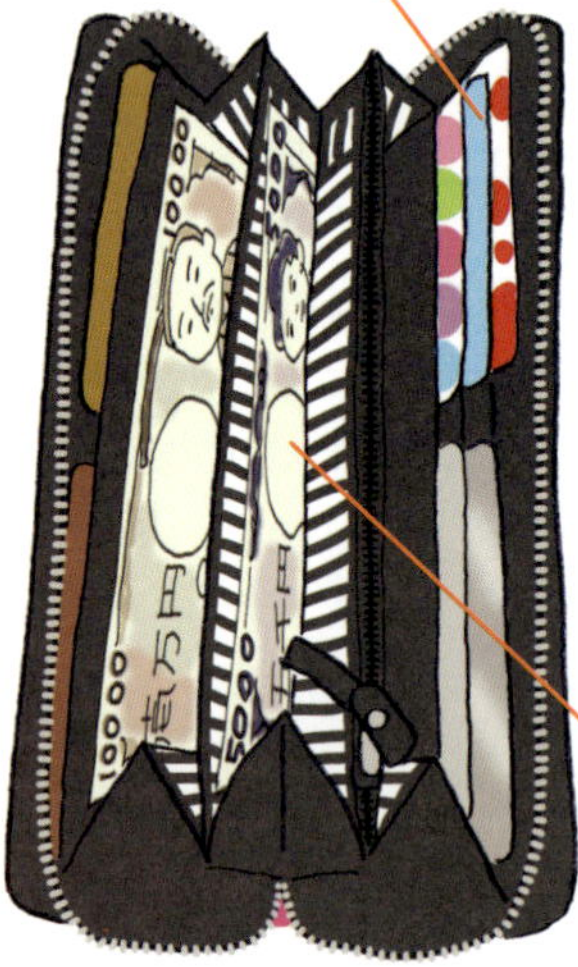

レシートはできるだけその日のうちに取り出して、いつまでも入れっぱなしにしておかないようにしています。ただ単にごちゃごちゃが嫌いなだけです

お札は種類別に分けて、人の顔が内向き・上向きになるように揃えてしまっています。理由はそのほうが使いやすいから。宇宙は「こういう鉄則に従わないとお金は入ってこない」なんてケチなことは言いませんから大丈夫！

金運は「してあげたこと」と、「されたこと」で決まる

井内由佳《いうちゆか》

大学卒業後、地元福岡から東京への転勤を機に生涯の師と出会い、神様からのお告げが降りる。人々の相談に応じたり、講演会というかたちで神様から教わった「幸せになるための考え方」を伝授。おもな著書に『神様がこっそり教えてくれた強運を引き寄せる47のルール』（PHP文庫）、『ハズレくじばかりのボクでもなれた！　神さまからの秘密の教え』（KADOKAWA）などがある。

「したことがされる」というシンプルな仕組みを理解する

金運に恵まれる人とそうでない人の違いは、どこにあると思いますか？

私は20数年前に神様からのお告げを受けて以来、神様が教えてくれた「幸福になるための考え方」をみなさんにお伝えしてきました。

「神様なんて本当にいるの？」

そう思う方もいるかもしれませんね。その気持ちもわかります。

ですが、私はこれまで2万人を超える人たちの相談に応えるなかで、**神様の教えに間違いはないことを、身をもって実感**することができました。ですので、まずは「そんなことがあるのかもしれないな」ぐらいの気持ちで、これからご紹介する金運アップによいとされる行動をいろいろ試して、自ら検証してもらえればと思います。

神様がおっしゃるには、この世の中は、

「したことがされる」

「自分と相手との間にしてあげたことと、されたことの差がないように働く」

という法則で成り立っています。

あなたが人を喜ばせたり、楽しませたりすれば、同じような感情を味わえるよい出来事が起こります。反対に、人を怒らせたり悲しませたりすれば、そのような出来事が起こるということです。

もし、**あなたが人に「してあげること」が多いわりに、「してもらうこと」が少ないなら、神様は埋め合わせをしてくれます。**その部分が、いわゆるラッキーということ。

神様の力による埋め合わせですから、到底人間の力ではできないものばかりです。

お金はもちろん、チャンスに時間……ときには人の気持ちを変えてくれたり、どうしても晴れてほしい日に天気に恵まれたりというサプライズも！

じつは、私たちがいただくお給料も「したことがされる」の法則で成り立っています。

神様がおっしゃるお給料の公式は

喜ばせたり、役に立った量×人数＝給料

たとえばミュージシャンなら、役に立つ度合いは少ないかもしれないけど、多くの人を喜ばせています。一方、医師であれば役に立てる人数は少ないかもしれないけど、一人ひとりに対する度合いが大きい、といったような考え方です。

金運をアップさせる行動はこれから詳しくご紹介したいと思いますが、「したことがされる」と頭に入れておけば、おのずとするべき行動が見えてくるのではないでしょうか。


ちなみに、「お金持ちになりたい」とか「もっとお金がほしい」とか、神様にそんなお願いごとをするのがどこかうしろめたい気持ちになる人がいますが、大丈夫です！

人は皆、お金がないと生きていけませんし、誰だってお金が大好きなはず。その気持ちを素直に認めて、好きなお金に囲まれた人生を送りたいと望むなら、神様はその道筋を示してくださいます。

本当はほしいのに「お金の話をするなんてみっともない」などと気持ちをごまかしても、神様にはお見通しなのです。

神様に聞いてわかった、誰もが知らなかったお金の真実！

お金は使えばなくなるものだと思っていませんか？

神様がおっしゃるには、本当は「使わないほうがなくなる」のだそうです。ここでは、金運をアップするために必要な、お金の真実についてお伝えしたいと思います。

真実1 お金にも感情がある

神様は「お金にも感情があり、人と同じように好き嫌いがある」とおっしゃいます。**お金は「一緒にいて居心地のいい人」「人を喜ばせられる人」が好き**で、そういう人のところには、「もっと使ってもらいたい」とお金のほうから勝手にやってきてくれるそうです。

反対に、自分勝手でワガママで、ケチな人からはできるだけ離れようとするので、せめて、お金に嫌われないようにすることが大切です。

「したことがされる」の法則を思い出してみましょう。人を喜ばせるためにお金を使う人は、お金が自分を喜ばせてくれます。

いつも出し惜しみしながら使うと、本当に出し惜しみしたくなるようなことにお金がでていきます。だから、**お金はうれしがって、喜んで使うべき**なのです。

真実2 お金は使わないことでなくなります

銀行が融資したくなるのは、どんな人だと思いますか？

銀行員の方にその答えを聞いたことがあります。じつは、お金をすでにたくさん持っている人ではなく、借金があったとしても、必要なところにちゃんとお金を使い、それに見合うか、それ以上の利益を得ている人だそうです。借金があるかどうかは関係なくて、**お金に動き（フロー）があるかどうかを見ているの**ですね。

神様も同じことをおっしゃいます。ムダ遣いをせず、堅実に貯金に励むのは一般的によいことかもしれませんが、「そこは出し惜しみしちゃだめでしょ！」というところまで節約してしまうと、お金のほうから離れていってしまいます。

じつは、**過度な貯金はいちばん金運を遠ざけます**。

貯金するのが悪いわけではないのですが、収入に見合わない過度な貯金をしているために、「お金を使いたくない」という気持ちがどんどん強くなりますよね。すると、間違いなくケチになります。

すると、「あなたは本来ここでお金をだすべきだったんですよ」、と神様にお金を取り上げられてしまうのですね。それは、お金のトラブルに巻き込まれたりするような出来事として現実になります。

お金は使うことではなく、使わないことでなくなる。このことを覚えておいてくださいね。

真実3 「お得」を選んだつもりが、損をする

人にごちそうしてもらうときにここぞとばかり高いものを注文したり、無理矢理値切って安く買い物をしたり……このような「得」をとる行動は、損を招きます。

正当なルートからの得でなければ、もらい過ぎの差をなくすように、別の形で神様が帳尻を合わせてくださるからです。

お金に嫌われる行動には「これくらい、いいか」があります。

たとえば、買い物をしたときに、相手がおつりを間違って多くもらってしまうことがありますよね。そんなとき、たいした金額じゃないから「これくらい、もらっちゃっ

ても いいよね」とズルをするような考え方を神様はとても嫌います。そして、「じゃあ、あなたもこれくらいならいいでしょ？」と、本来回ってくるはずだったお金を取り上げてしまうのです。

人に建て替えてもらったジュース代に町内会の会費、会社の経費精算……日常に「これくらい、いいか」はたくさんあります。

お金を出さないことはプラスマイナスゼロになるだけでなく、さらには**神様から嫌われて金運が下がるというペナルティ**までついてきます。

真実4 「お金がないからできない」という人は、お金があってもしない

「お金に嫌われないように、人を喜ばせるためにお金を使ってくださいね」

そうお伝えすると、「お金がないからできない」という答えをよくいただきます。

厳しいことを言うと、お金がないのを理由に何もしない人は、お金があってもなにかと理由をつけて行動を起こさないのではないでしょうか？

「人を喜ばせるためにお金を使う」といっても、大金を使う必要はありません。あく

までも無理をしない範囲でいいのです。

たとえば1000円しかないのなら100円を、1万円あるなら1000円を……というように、**割合で考えるようにすると、無理せず収入が増えた分だけ人のために使うお金も増やすことができます**。

「人のために」といっても、見返りを期待するとそれは「自己投資」になります。だから最初は、この人にだったら使えるなと思える人からスタートしてみるのがおすすめです。

たとえば、両親や友人など、「この人がいるから、いまの自分がいる」と思える人のこと。まずは身近な人を喜ばせることから始めましょう。

「身近な人を喜ばせているのに、なかなかお金が回ってこない」という人は、しているつもりでまだ全然足りていないのかも知れません。

どんなに一生懸命働いても収入はなかなか増えませんが、人に気持ちよくお金を使っていると本当にラッキーな出来事が巡ってくるものです。

真実5 お金には「はじまりのお金」と「最後のお金」がある

「はじまりのお金」は、人にお金を使うときに「これから私のこともよろしくお願いします」「このお金をあなたのために使ったのだから、今度は私のために使ってね」という見返りを期待した、**これから何かが始まってほしいと願うお金**のことです。

これだと先ほどお伝えしたように、自己投資になります。

「最後のお金」とは、「ありがとうございます」「お詫び申し上げます」といった思いを込めたお金で、**見返りを求めないお金**のこと。ここで完結するお金のことです。

「最後のお金」は感謝があって、気前がいい人にしか使えませんが、「はじまりのお金」は見返りを期待するから誰でも使えます。同じ人のために使うお金でも別物なのです。

「終わりのお金」を意識しましょう。神様は見返りを求める人には何の助けも施しませんが、見返りを求めない人には誰からも返してもらえない分、神様からのボーナスを授けてくださいます。

真実6 人にプレゼントするなら現金がいい

人にプレゼントをするときは、**その人が本当にほしがっているものをあげるようにすると、金運がアップ**します。

私はなるべく現金をお渡しするようにしています。「人へのプレゼントに現金なんて」という意見もありますが、現金は汎用性が高く、相手が本当に必要としているものに使えます。もし自分がいただいたとしたら、**間違いなくうれしい**と思うのです。

「したことがされる」のルールに則ると、**自分がしてもらってうれしいことを相手にもする**、これも神様の教えに従うことです。

親しい友人同士で現金を渡すことに抵抗があるという場合は、百貨店のギフトカードなどもおすすめです。ほぼ現金に変わりがありませんし、ポチ袋に入るサイズで持ち運びもしやすく、サッと取り出せるのでスマートに相手に渡すことができます。

人を喜ばせるためのお金は、割合で考えるのがおすすめ

人のためにお金が使える財布をつくる方法

意識的に人のためにお金を使えるように、私はふだん、二つの財布を使っています。一つは支払いなどの日常使い用、もう一方は人を喜ばせるための資金用です。

どちらの財布も色や素材などは自分の好きなものを選んでいますが、人に使う用のお財布には**新札を入れておくので、長財布**と決めています。

人を喜ばせる資金用のお財布

人のためにお金を使おうと思っていても、日頃から意識していないとなかなか難しいものです。

「人を喜ばせるために使おうと思っていたのに、生活費として使ってしまった！」といううっかりがないように、人を喜ばせる用のお財布をつくってみませんか？

つくり方のポイントは、次のとおりです。

大公開　私はこんな財布を使っています

ギフトカードや食事券など、いつでも相手に負担なく使える金券を入れています

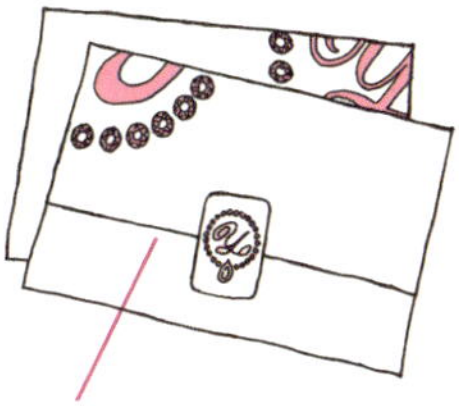

お金をお渡しするとき用に小さな封筒を財布の中に。オリジナルデザインのマイミニ封筒をつくってもらいました

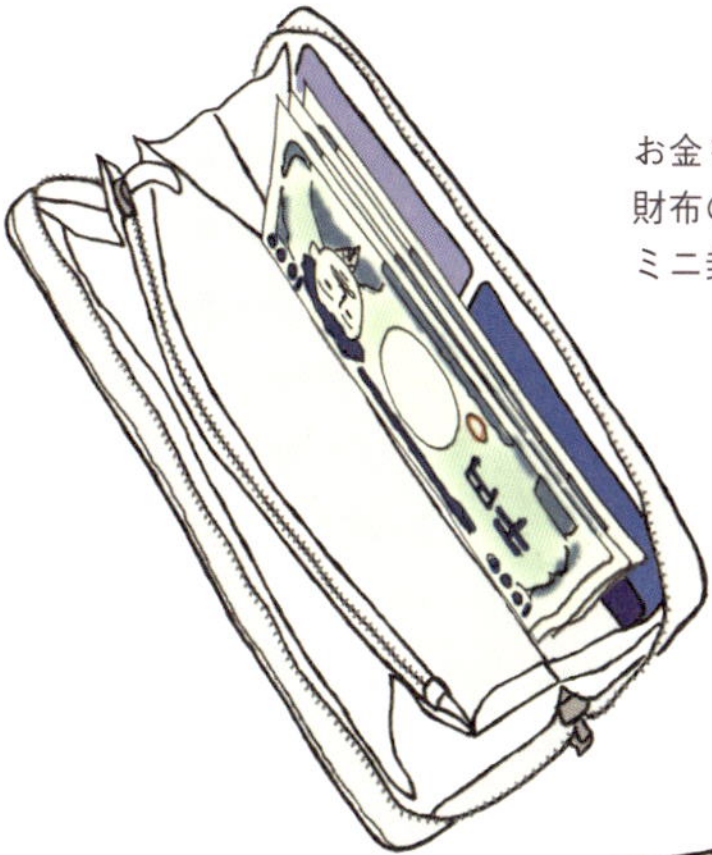

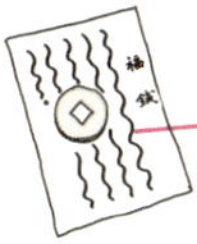

お知り合いからいただいた神社のお守り。なんとなく入れています

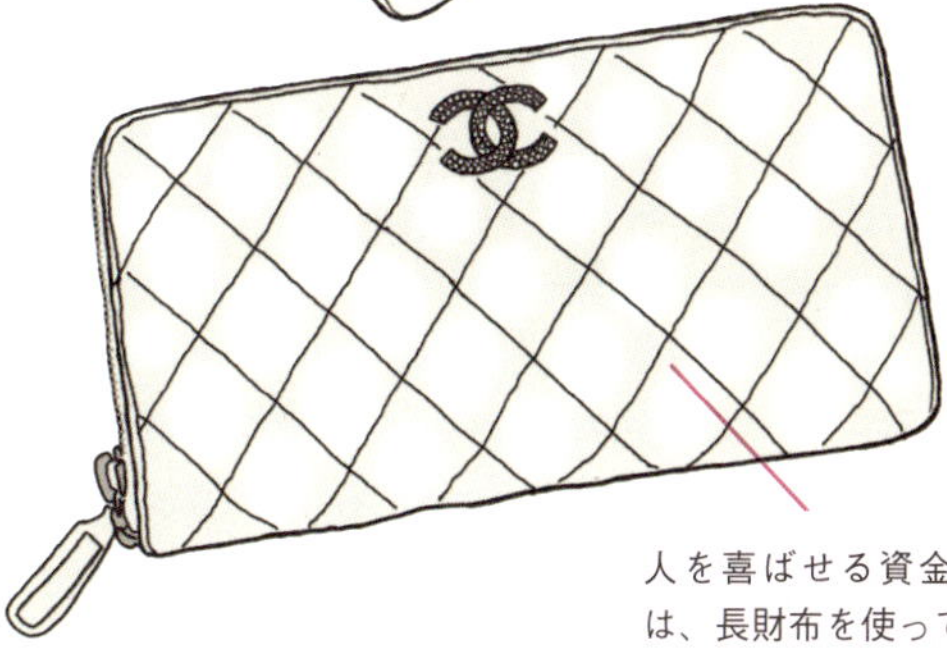

人を喜ばせる資金用のお財布は、長財布を使っています

つくり方1 新札を用意しておこう

御礼やお祝いの気持ちを包むお金は、新札を用意するのが一般的です。私はイザというときに慌てないよう、一万円札を50枚、五千円札は6枚、千円札は20枚、それぞれ金種と向きを揃えて入れています。

そうそう頻繁にお祝い事がないかもしれませんが、**新札を用意しておくことは、新札に縁ができることにもつながります**。

つくり方2 ギフトカードを活用する

先ほどもお伝えしように、現金を渡すのはちょっと大げさな感じがする場合に備えて、**百貨店のギフトカードをポチ袋に入れたもの**を数点入れています。

お金を渡すことに抵抗があるなら、ギフトカードを。コーヒーチェーンのカードなど、いまは1000円で手に入ります

商品券でもいいのですが、商品券は箱入りでかさばるので、最近はもっぱらギフトカードを活用しています。

コーヒーチェーンのコーヒーカードなども、ちょっとした御礼におすすめです。

感謝の気持ちを綴った手紙と一緒に封筒に入れて渡すといいですね。

つくり方3 あらかじめこの金額は人のために使うと決める

収入があったときに、「今月は5千円を人のために使おう」などと金額を決め、人のために使う資金用財布に入れておくのはいかがでしょうか？　**あらかじめそれ用の予算をとっておく**ことで、負担なく使うことができます。

人を喜ばせるお金の使い方を習慣化させるために、給料の一部をあらかじめそれ用にとっておきましょう

スケジュール帳に嬉しかったこと、やってもらったことを書く

私は人から受けた親切や嬉しかったこと、いただいた御礼の金額などを、スケジュール帳に書くようにしています。

人は自分が相手にしてあげたことは覚えていますが、**相手からしてもらったことは意外と忘れてしまいがち**です。そういう一つひとつを取りこぼさないようにすることが、大きな幸せの流れをつくります。

スケジュール帳を見直すことで、「ああ、こんないいことがあったんだ！」という気持ちを呼び覚ましてくれます。

うれしい感情は、うれしい出来事を呼び込んでくれるので、次の喜びを引き寄せる

「重い荷物を持ってもらった」など小さなことでもOK。箇条書きでもかまいません

効果もあるのです。

願望に制限をつけない

最後に、神様にお願いするときのコツをお伝えします。それは、願いに制限をつけない、ということ。神様にお願いごとをするときは、**「いちばんいいようにお取り計らいください」**と言うのがベストです。

「ああしてください」「こうしてください」と願うことは、自分で願いの上限を決めてしまっていることなので、とても不遜な頼み方だと神様はおっしゃいました。

神様は、私たちが考えている以上の恩恵を与えてくれることができる存在です。自分でこれが最善だと勝手に願いに制限をつけず、**神様のお取り計らいにまかせたほうがより大きな幸運がやってきます**。これは金運に関してはもちろん、そのほかのお願いごとをする場合でも同じことです。

もし、あなたが自分には怒りっぽいところがあるという自覚があるなら、金運アップのためにもぜひ改善していくのをおすすめします。

じつは、怒りっぽい人というのは、ずるがしこい、ケチ、自分勝手……という神様が嫌う条件もすべて兼ね備えています。

怒りっぽい人の思考回路を突き詰めると、「自分は人には何もしたくないけど、人にはいろいろしてもらいたい」→「なのに全然うまくいかない」→「腹が立つ！」というものです。これは、「自分が得できないのがくやしい」というズルイ考え方に行き着くのですね。

神さまに嫌われない生き方、これがすべての幸運な人生につながっています。

自分は何もしたくない
でも人にはしてもらいたい
いろいろうまくいかなくて腹が立つ
イライラ
イライラ

怒りっぽい人の精神構造は、自己中心的！

龍神に信頼された人から、金運はアップする！

大杉《おおすぎ》　日香理《ひかり》

株式会社アテア代表取締役。歴史、神話、心理学、生理学、ビジネス、経営、スピリチュアルなどの総合的な知識をベースとしたメソッドを体系化し、2007年起業、2011年に株式会社を設立する。『神旅®』ツアーや講演活動を行い、人気を博している。著者は10万部を突破した『「龍使い」になれる本』（サンマーク出版）をはじめ、『龍神の力をいただく『神旅®』のはじめ方』（KADOKAWA）などがある。

龍神の力を借りて、ワンランク上の金運を手に入れる

龍神というと、神社の装飾などで見かける姿から、ちょっと怖い存在と思うかもしれません。でも、**龍神は私たちの身近にいて、いつもサポートしてくれる存在**です。

私は幼い頃から、数多くの龍神と交流を重ね、さまざまなことを教えてもらいました。いまも龍神の力を借りる「神旅®」ツアーや、講演・執筆などを通して、その後押しをいただく方法を多くの方にお伝えしています。

いままで龍神たちは、さまざまな金運アップの方法を伝えてくれました。くわしくはこれからお話ししますが、彼らは、いつもこう言います。「**金運は、特別な能力や才能を持った人に来るのではない。成長しようとする人すべてにもたらされるのだ**」と。

龍神は、人間はみんな可能性があると、はっきり知っています。そのことに気づいてほしくて、またその可能性を伸ばしてもらいたくて、人間を応援したがっているのです。

だから、成長のために必要な成長資金を、龍神はいつでも融資してくれます。それが、そのままあなたの金運になるのです。

でも私たちは、すぐに大きく変われません。なぜなら、人間にはホメオスタシス（恒常性）という性質があるからです。これは、動物にとって大きな変化は危険とみなされるため、元の性質を維持しようとする働きです。それで、金運も「少しずつ」上げていくことがベストな方法なのです。

たしかに、いきなり何億円もの大金が来ても扱いきれませんね。だから、**お金を受け取る自分という器を徐々に大きくしていきましょう**。

そうやってワンランク上を目指していけば、金運は確実にアップしていきます。すると扱える額が次第に大きくなり、結果的に豊かな人生になっていくのです。

金運に恵まれる人って、どんな人だと思いますか？

それは、**龍神からも他人からも信頼される人**です。

お金とは、信頼で成り立っています。単なる紙や金属に価値を与えているのは、日本という国への信頼ですね。お金は信頼を交換しているのと同じなので、あなたの信頼度が上がるにつれて、金運も上がっていきます。

信頼度を上げる方法は、そんなにむずかしくありません。いつもやっていることを少しだけ変えればいいのです。次ページから、その方法をお教えしましょう！

龍神に認められ、金運に恵まれる方法

では龍神たちから、「この人間は信用できる。後押ししたい！」と思ってもらう方法をご紹介します。

方法1 何がしたいのかを明確にして、お願いする

漠然と「金運アップしてください」とお願いしても、龍神は応えてくれません。彼らがもたらしてくれるのは、あなたが新しい経験をして、成長するための資金だからです。

ですから、**何のためにいくら必要かをはっきり伝える必要があります**。

では、どこでお伝えするか。それが神社参拝のタイミングです。見えないけれど、神社にお参りに行くとあなたをサポートしたい龍神がやってきてくれているのです。

参拝では、まず「住所・名前・生年月日・干支」を言ってごあいさつします。その後、「旅行に行きたい」「起業したい」「資格をとるために学校に通いたい」などと自分の希望を伝え、そのために必要な金運をお願いします。

「○○したいので、○○円お願いします」と具体的に伝えるのがポイントです。その際、いきなり高額なお願いをしないことです。自分がきちんと管理できると思う額を設定してください。

金額がはっきりしない場合は、「○○のために必要な金運をお願いします」と伝えてもＯＫです。

方法２　お金が入ったら、必ずその目的で使う

お願いした日付と内容、金額は忘れずにメモしておきましょう。そして願いが叶ったら、当初の目的に沿ってお金を使うことです。

語学学校に通いたいので20万おねがいします

お願いするときは「金額」と「目的」を明確に！

龍神は、あなたの願いを叶えるためにお金を融資してくれました。つまり、あなたの成長に「投資」してくれたのです。それなのに、そのお金を貯金して使わなかったり、他のことに使ったりしたら、**あなたの信用度が疑われ、次回からは応援が得られなくなります**。

でも、願いどおりにお金を使えば、信用はグンとアップ。次には、もっと大きな額のお金が回ってきます。

方法3 ふだんやっていることを「ワンランク上」の質でやる

金運を上げるために必要なのが、いつもやっていることをちょっとだけがんばることです。なぜなら金運は、あなたの本分を通してやってくるからです。本分とは、働いているなら仕事、主婦なら家のこと、学生なら勉強など、あなたが毎日やるべきこと。でも、がむしゃらに努力しても長続きしませんね。だから、1日5分だけでいいのです。ふだんの仕事や家事、勉強を、ワンランク上の質でやってみましょう。

たとえば、「いつもよりていねいにお茶をいれる」「いつもより早くコピーできるよう工夫する」「笑顔であいさつする」など、簡単なことで大丈夫です。

龍神はあなたに投資していいか、いつもの生活を見ています。**この1日5分のがんばりが、龍神に対して「私は成長株です！」とアピールすることにつながる**のです。ほんの少しだけでも意識を向けてやっていれば、龍神はその小さな変化にちゃんと気づいて、運気を上げてくれます。

方法4 「ちょっとだけ」贅沢して、未来を先取りする

豊かな未来を先取りして体験するのは、金運を上げる方法のひとつです。でも、いきなり高価な買い物や飲食をすると、「こんなに散財していいのかな」と罪悪感が働いてしまい、逆効果になることも……。

大切なのは、自分のふところ具合に合わせて、いつもより少しだけ贅沢をすること。たとえば、あなたがもしパンが好きだとして、いつもコンビニの100円のパンを買っていたとしたら、週に一度は、おいしいパン屋さんの300円のパンを買うようにするのです。

その習慣を1か月ほど続けていると、「自分には300円のパンがふさわしい」と思えてきます。**意識が変われば、連動して経済状況も変わる**ので、なんのためらいも

なく300円のパンが買える状態になっていきます。

このサイクルを繰り返すうちに、無理なく、そして着実に大きなお金が回っていくようになるのです。

方法5 気分の切り替えを上手にやる

自分の可能性を最大限に発揮するために、ぜひ身につけてもらいたいことがあります。それは感情に左右されないこと。

金運のいい人は、仕事でも家事でも、ふだんからきげんよくテキパキ動き、イライラや怒りなどの感情をいつまでも引きずらない共通点があります。気分の切り替えがとても上手なのですね。

気分をうまく切り替えていきましょう。

・イラッとしたら、自分の好きなことをやる
・疲れたら、体を休める
・グチを言いたくなったら、グチる時間と相手を決めて言い、その後忘れる

など、自分なりの気分転換法を見つけてください。

心の状態が安定したら、龍神に対しても、周囲の人に対しても、あなたの評判が上がってきます。すると、金運の土台がしっかりしてきますよ。

方法6 財布をリマインダーとして活用する

財布は現金を入れる器であり、家のようなもの。家が変われば、そこに住んでいる人の雰囲気やイメージはもちろん、運も変わります。

自分の家を整えるつもりで、「金運のいい自分ならこんな家に住みたい」という居心地の家（財布）に変えていきましょう。すると、お金の流れも豊かなものに変わっていきます。

じつは、財布そのものがお金を生みだすわけではありません。**財布が、「お金を生みだす自分」へのスイッチになってくれる**のです。

つまり、金運がいい自分を先取りして、その自分に合った財布にリニューアルすれば、お金の流れが変わり始めるというわけです。

さあ、財布や財布との付き合い方を変えて、さっそくスイッチをオンしましょう。

龍神に応援される財布の作り方

では、龍神に応援される財布の作り方をご紹介します。

方法1 「半歩先の自分」に合う物を選ぶ

新しい財布を選ぶときは、「半歩先の自分なら、どんな財布を選ぶだろう」と問いかけて選んでください。一歩先ではなく、半歩先の自分をイメージするのがコツ。ホメオスタシス（77ページ参照）に沿った無理のない変化ができます。

色や形は、そのときの好みでかまいません。かえって直感に従うほうが、必要な未来を連れてきてくれるはず。「いままで好きじゃなかったけど、なんだかこの色が気になる」「半歩先の金運のいい自分だったら、この形を使ってみたい」といったひらめきを大事にしましょう。

方法2 財布には、新札を3枚入れる

ふだん使わない脇のポケットに、新札を3枚常時入れておきましょう。すると、お金を呼び込むスイッチが入ります。

理想は一万円札3枚ですが、なければ、五千円や千円などでもいいでしょう。新札3枚であれば、どんな金種を組み合わせても問題ありません。

3は新たなものを生みだす数。自分の足元を整え、金運を呼び寄せる数字です。

方法3 カードタイプのお守りを入れる

カードタイプの薄いお守りを、脇のポケットに入れておきましょう。神社の守護が得られるだけでなく、あなたと財布のエネルギーをつなげるスイッチになります。

お守りの大きさや素材は自由。また、金運に限らず、仕事運のお守りもおすすめです。**仕事を通して社会に貢献した分が金運となる**からです。他にも、直感でピンとくるお守りを選んでもかまいません。ただし、かさばるので入れるのは2つまでが妥当です。

方法4 仕事やお金に関連する物以外は入れない

財布の中は、基本的に現金とカード、お守りのみの状態をキープします。場合によっては、免許証などの身分証明書を入れてもかまいませんが、**家族やペットの写真は入れないように**しましょう。仕事やお金以外の物を入れると、エネルギーが分散し、お金の流れが乱れてしまいます。

方法5 「もういいかな」と思ったら替え時

じつは財布に寿命はありません。あなたが「もう別の財布にしたほうがいいかな」と感じたら、買い替え時です。洋服やバッグの替え時は、自分で何となくわかりますよね。それと同じです。

もちろん、気に入っている財布だったら、手入れをしながら5年、10年使い続けてもよいと思います。ただし、**角が痛んできたり、ファスナーが壊れたりしたらすぐに取り換えましょう**。

大公開　私はこんな財布を使っています

イタリアブランドの財布です。老舗ブランドが持つエネルギーをいただくという点でブランド物を選ぶことも多いですが、ノーブランドでも自分が気に入れば使います

蛟里田八幡宮福徳御守と那智飛瀧神社延命御守のお守りを入れています。どちらも、縁を結ぶ龍神の力が得られるお守りです。金運では伏見稲荷神社の一位守に注目しています。

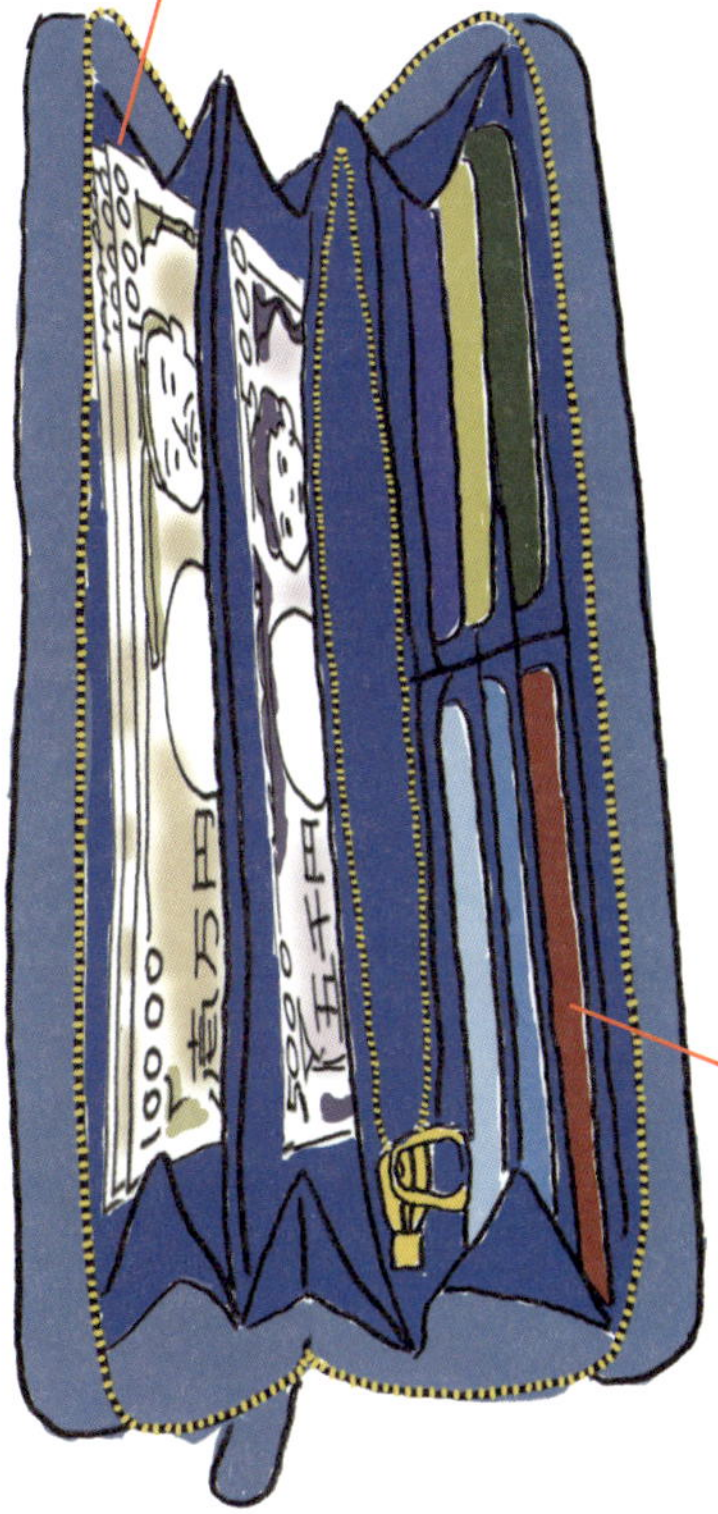

カードは必要なものだけ厳選して入れます

使わない財布を保管しておき、また使いたくなったらリバイバルさせるという方法もおすすめですよ。

いまの財布を〝金運財布〟に変える「お財布リボーン術」

「いま使っているお財布が気に入っている」「いまはまだ新しい財布を買うタイミングではないかも」という場合でも大丈夫！　次の手順で、いまの財布を〝金運アップ財布〟に生まれ変わらせることができます。

手順

❶ 財布の中身をすべて出して、濡れたタオルなどで拭いて、汚れている部分をきれいにする。小銭入れの黒ずみはできる範囲で。取っ手などの汚れやすいところはていねいに。自分の部屋を掃除するつもりで、心を込めてやるのがポイント

❷ 新札を3枚入れる（85ページ）

❸ お守りを入れる（85ページ）

❹ お札のみ戻す

毎日、お札をチェックしましょう

一日の終わりに財布をチェックする行為は、あなたが**金運に興味・関心があると、龍神に示すこと**になります。いくら「金運がほしい」と言っていても、実際には、お財布はほったらかしで中はグチャグチャだと、龍神は「口では言ってるけど、お金に関心がない人だ」と捉えます。

お札をきちんと把握すると、予算管理もでき一石二鳥です。

龍神へのアピールも兼ねて、毎日の習慣にしましょう。手順は次のとおりです。

チェック方法

❶ 財布から、レシートと小銭をすべて出す

❷ 小銭は貯金箱（空き缶などでＯＫ）に入れる。レシートは自分のやりやすい方法で保管する

❸ お札を数え、メモに記録する（スケジュール帳、スマホのメモでもＯＫ）

④ お札を財布に戻し、保管場所へ置く

基本的に、**朝は財布の中にお札だけがある状態に**します。小銭が必要な人は、別途、小銭入れを持つか、使う予定のある分だけ入れておくといいでしょう。

小銭はある程度貯まった時点で、自分の口座に預け入れします。数千円といえど、まとまった金額になっているのを確認することで、お金を貯めているという実感を得られ、小さな成功体験になるでしょう。

その日のうちにチェックできなかった場合は、翌朝行ってください。

財布の保管法で、お金の流れが変わる

最後に、財布の保管場所についてもアドバイスしますね。方角や場所に決まりはありませんが、毎日置く場所を決めましょう。**定位置があることが重要**です。財布（お金）を大切にしていると、龍神に示せればいいのです。

保管の際は、黒い箱に入れてください。**黒には、金運を根づかせるという意味**があります。フタなしの紙箱で大丈夫です。

財布からレシートと小銭を
すべて出します

お札を数え、メモに記録
したら、財布に戻して保
管場所へ

小銭は貯金箱に入れる。レ
シートはやりやすい方法で
保管しましょう

黒い箱がない場合は、黒い和紙や折り紙を箱に敷いてもかまいません。また、箱の上に好きな色の布を敷いても大丈夫です。

このように、さまざまな側面から財布（お金）を大事にしていれば、龍神はあなたを有言実行の人だと認識します。すると**群れをなしてやってきて、多方面からあなたをサポートしてくれますよ**。ぜひ龍神たちの力を借りてお金の流れを変え、願いを叶えてください。

財布を保管する箱は黒、なければ黒い和紙を敷いた箱でもOKです

「あの世のお金」を意識すると豊かなお金持ちになれる

まさよ

幼少期から不思議な体験を繰り返し体験する。ある日、姿なき不思議な存在に「あなたは人と向き合う仕事をする」と告げられて仕事環境が一変、魂ナビゲーターとなる。著書に『あちらの方々から聞いた人生が上手くいくこの世の仕組み』（小社刊）、『あなたの中の小さな神様を目覚めさせる本』『あなたの中の神さまが輝き出す！エネルギーの魔法』（ともに永岡書店）などがある。

お金は「魂を震わせる経験」をたくさんさせてくれるもの

お金は、この世を生きている私たちが、感情を振動させるためになくてはならないものです。喜び、悲しみ、後悔、感動、不安、安心など、人はさまざまな経験を通じて、**魂をたくさん振動させるために、あの世からこの世界に生まれてきます。**

死ぬときに持って帰れるのは、この「魂が震えた経験」だけなのです。

「お金があってうれしい」「お金がなくてつらい」、お金は、ものすごく大きな感情の振り幅を経験させてくれますよね。

だから、楽しいこともある反面、苦しいこともあるのがお金とのお付き合い。

私も若いときには、だいぶお金で苦労をしました。二十歳を少し過ぎたときには、両親がつくった借金を返済するために、いつも汲々とする毎日を過ごしていたし、20代半ばで結婚してからも、しばらくの間、4人家族で一日に使えるお金は千円でした。でもいまは、すべてのことがよかったなぁと思います。お金で苦労すると、お金に感謝をして、謙虚になりますね。それもありがたかったなぁって。

そして、お金を通じて、魂をたくさん震わせたから、いまの私がいます。そう考えると、お金って、自分で自分を幸せにするためのものなんですよね。

いまは魂ナビゲーターとして活動していますが、物心がついたときから不思議な経験の連続で、とくに「見えない世界」との接触は私にとって怖くて仕方のないものでした。

でも、ある日、体から魂が抜け出した体験をきっかけに、「不思議フィールド」（神社の神様、天狗さん、龍、天使、妖精など）の存在に気づかされ、あの世とこの世のことについて、ものすごいスピードで学ばされることになりました。

「もともと魂には安堵しかない」ことを思い出すと、誰でも本来のスピリチュアルな能力が開花します。私はその方法をお伝えするために、いまこのような事をさせてもらっているのかもしれません。

また、**どんな人にも、必ず自分だけの「不思議なみなさん」がいます**。

生まれるとき、一緒にこの世にやってくる守護霊やガイドといえる存在ですが、じつは、あなた自身でもあるのです。

私が見たあの世には、命が生まれる光の源（噴水のように黄金の粒が湧き出ています）がありました。私たちの持ち帰る経験で、光の源はさらに豊かになっていきます。

幸せなお金とのお付き合いができたら、生きている間はもちろんのこと、あの世に還ったあとも、光の源をより大きく循環させることができるだろうと思います。

なにでお金を得るのか、神様には関係ありません

先ほどお伝えしたように、お金はいろいろな経験をして、感情を振動させるためのものです。そして、どんな経験だって、あの世に還るときには愛おしい魂の記憶になります。だから、ソースと言われる源の神様、魂の記憶は、どういう仕事で生活の糧を得たとしても、「それでいいのだよ」と言ってくださいます。

お金を稼ぐために、本当はやりたくないお仕事をしているという方も、きっとたくさんいらっしゃることでしょう。

以前、「こんな仕事で恥ずかしい」と、個人相談で打ち明けられたこともありました。でもね、**どんなお仕事をしたとしても、あなたの魂まで穢《けが》れることはありません**。魂には、何ものにも染まらない尊厳があるのです。

ですから、ご自分とご自分のお仕事を卑下しないでいいんですよ。神様は、あなたがどんなにやさしい気持ちでいようとも、意地の悪い気持ちになろうとも関係なくて、お金を通じて、あなたがどんなふうに魂を揺らして、なにを知って、自分を癒し、許

し、縛りから自分を解放したのか？

その、あなたの真実を聞かせてほしいだけなのです。神様も、あなたの不思議なみなさんも、あなたの魂はいつだって自由だよと、語りかけてくれています。

魂が幸せになるお金との付き合い方

ある日のことです。明け方にまどろんでいると、女性のような声がしました。

「あの世のお金を持つと、この世のお金がついてくる。あの世のお金を持ちなさい」

そう話しかけられたのです。そのときの私には、「あの世のお金」とはいったいどんなものなのかわからなくて、時間のかかる宿題を出されたように感じました。

そうして、私は不思議なみなさんのメッセージを代理でお伝えする魂ナビゲーターになって、7年ほどが経ちます。

いま、**「あの世のお金とは、目に見えないけれど、後ろからついてくるご加護のようなもの」**だと確信しています。

誰かの幸せを願って手放したお金は、何年後かに、必ずあの世のお金になって返ってきます。それは、ご縁だったり、みなさんの思いだったり、形のないものとして、ついてきてくれるのです。

あの世のお金がついてくることを知らないと、**どれほどたくさんのお金を手にしても、本当の安心には辿《たど》りつけないだろう**と思います。手元にあるお金の増減に一喜一憂してしまうからです。あの世のお金の存在を知っているだけで、通帳の残高を見て、不安でしかたなくなるようなことがありません。

では、あの世のお金を増やす方法をご紹介しましょう。

方法1 あの世のお金を意識する

あの世のお金は、「後からいただくもの」です。

目先のことにとらわれたら、つい多く儲ける方法を考えてしまうかもしれませんが、あの世のお金のことを知ったいま、私は「人に喜んでいただいて、食べられるだけいただければ十分」だと感じています。

食べていけることを長く続けていけたら、それが幸せなお金を使うことにつながると勝手に思っています。

贅沢は望まないし、とくにいただいたお金は、自分ごとの贅沢にはけっして使えません。

でも、これには50代という私の年齢も関係しているかもしれませんね。

もっと若い方たちは、たくさん稼いで、魂がワクワクすることに使うのも素敵なことだと思います。ただし、そのときにも、「人様からお金を頂戴している」という謙虚な気持ちだけは、忘れないでいただきたいのです。

「大きく儲けようとする」のと「ありがたく頂戴する」のでは、ついてくるあの世のお金が大きく変わってきます。生意気ながら、私はそう思っています。

あの世のお金を意識すると、幸せなお金の使い方ができるように

方法2

「ありがとう」であの世のお金が貯まります

どんな金額であっても、お金をいただくときと、お渡しするときには、そこに誠意がほしいなぁと思います。

なにかを買うとき、私はあの世のお金に換算してイメージします。すると、いつも「ありがとうございます」という言葉が自然と出ます。

「ありがとう」と言うことが、もうすでに、あの世のお金をイメージしていることになります。

「買う立場なのに、ありがとうって言うの？」とお感じになる方もいらっしゃるかもしれませんが、相手（レジの人）と同時

面と向かって感謝を伝えるのが気恥ずかしいときは、心の中で感謝するだけでも意味があります

のタイミングで「ありがとう」を言うたびに、あの世のお金が貯金されていくと思ってください。

「ありがとうございます」は、言った自分も、言われた相手の人の魂も振動させる豊かな「言葉のお金」です。

お給料を持ってきてくれる旦那さんに、なかなか声に出して伝えられなかったら、心の中で思うだけでも「ありがとう」は届いて、あの世のお金が味方になります。お給料を出してくれる会社に対しても、「ありがとう」と思ってみてくださいね。

買ったつもりの「ありがとう」貯金

お金を使うことよりも、貯めることに幸せを感じる方も多いかもしれません。こういう時代ですから、つい老後の暮らしを考えてしまいますよね。

私は、先日、出先で150円のほおずきを見かけて大いに悩みました。

「食べられもしないものを、自分の喜びだけのために買うのはどうなんだろう」と、逡巡してしまったのです。迷った末に買って帰り、部屋に飾りました。それはそれで、やっぱりうれしい風景でした。

なにかを買ったつもりで、貯金箱にその分のお金を入れる日もあります。がまんをしていると思うと苦しいけれど、そうではなく、「ありがとう」と言いながら入れると、そこには、とても豊かなお金が貯まっていきます。

お財布の寿命はあなたが決めていいんです

買い物をするときはあの世のお金を意識し、自分の心にうかがってから買うようにしています。なので、いったん購入したものは、最後まで大事にいたします。

自分の思いや大切にしたいものを運んでくれる大切なお財布を選ぶときは、自分の手に心にフィットするが感じが、私の大好きだと思う感覚です。私は千円のワゴンセールが大好きで、高価なものは持ちませんが、毎回、ボロボロになるまで大切に使います。**好きだよって感謝しながら使っていると、お財布からの愛情が返ってくる**気がするんです。

お財布もバッグも、いつも使えなくなるまで持つので、壊れるととても悲しくて、すぐに処分することができません。いつか私の思いが薄れるときがきたら、「大好き、ありがとう」と、布や新聞紙に包んで捨てています。

大公開　私はこんな財布を使っています

オーストリッチ風に型押しされた黒い長財布。色や素材へのこだわりはありません。触った感じが柔らかくて、好きかどうかがいちばん大事。好きだよって感謝しながら使っていると、お財布との間に愛情の疎通ができていく気がします

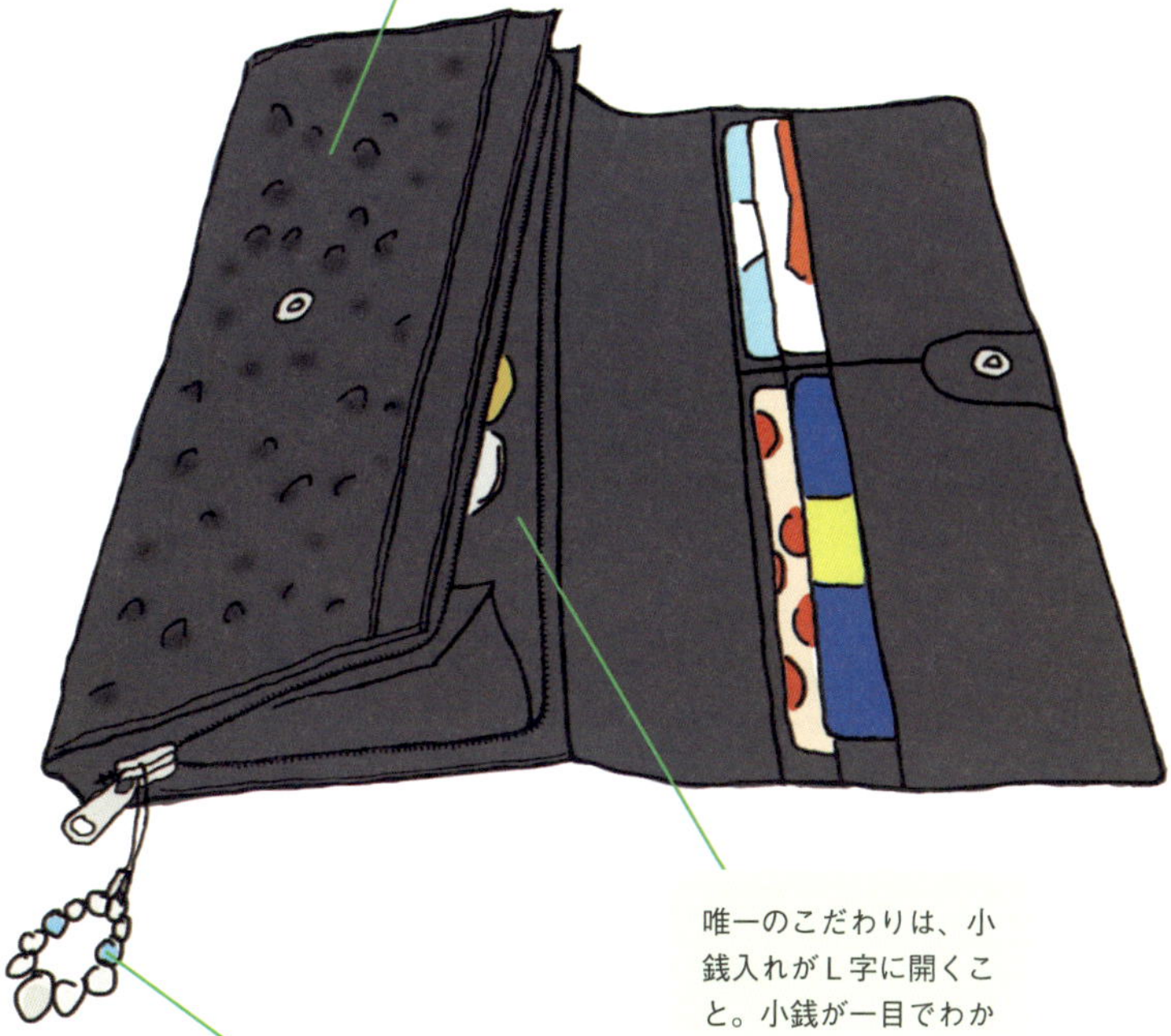

唯一のこだわりは、小銭入れがL字に開くこと。小銭が一目でわかります

いただいたパワーストーンのチャームをつけています

お財布の寿命は心で決めていいんです。

そのときがくるまでは、引き出しの中で休んでいてもらいましょう。いまも、自宅に使えなくなったお財布さんたちが4つくらいあります。

方法3 「生き金」か「死に金」か、良心が知っています

現在は、以前鑑定をさせていただいた方に限って個人相談をお受けしています。

ときどき、お仕事の関係の方などから、「鑑定料が安すぎるわよ」「お金を受け取れないっていう考え方をあらためたほうがいいんじゃない？」と、おっしゃっていただくことがあります。


捨てられないお財布は、引き出しの中などに入れて休ませて。財布の寿命はあなたの心で決めて大丈夫！

お話をうかがっているうちに90分を超過することもよくありますが、それでも値上げはできません。

胸がザワザワして苦しくなるのは、自分の中にいる神様からのお知らせです。

私は、胸を「神様へのおうかがいどころ」と呼んでいますが、胸はあの世の源と不思議なみなさんとつながっている「良心」なのです。

良心は、すべてを知っています。だから、胸に委《ゆだ》ねればよくて、頭で考える必要はないと思っています。たとえば買い物をしたとき、それがムダ遣いであれば、頭でどんなに納得していても、あなたの胸はどこか後めたさを感じることでしょう。

ただ、金額の許容量には個人差がありま

胸のザワザワは、ムダ遣いを気づかせてくれるサイン。頭で納得しようとしても、心は正直です

す。私のように1万円でザワザワする人もいれば、100万円でもザワつかない人もいます。

どちらがいい悪いという話ではなくて、**自分の良心が納得していれば、まったく問題はなくて、生きたお金になります。**良心が納得しているかどこでわかるの？　といえば、胸が苦しくなるか、ならないかだと思います。

私たちがお金で生かされているのは事実ですが、私はいつも神様に上から見つめられている気がするので、自分の胸が痛むことはできません。死んだお金を使わせてしまった、あるいは自分が使ってしまったという痛みは、しばらく残るからです。

「ありがとうございます」と、自分の良心が痛まずに言える金額をいただいていければ、必ず幸せなお金持ちになれます。では、それは何なのだろうと考えてみると、謙虚と感謝なのだと思います。

COLUMN

「神様のお金」の使い方

道に落ちている1円や10円を、私は「神様のお金」と呼んでいます。本来ならば交番などに届けるべきですが、以前、交番に届けたら、おまわりさんもなんだか億劫《おっくう》そうで、かえってご迷惑だったかなぁと感じたことがありました。

だからといって自分のものにすることを考えると、胸がザワザワします。

そこで、小さなお金を見つけたら、ティッシュに包んでお財布にしまっておいて、自分のお賽銭《さいせん》とは別に、神社のお賽銭箱に入れることにしました。

「落とした人に、いいことがありますように」と、その人だけのために祈ると、不思議と胸が痛まずに、ほわっとあったかくなるのです。

都合のよい思い込みですが、あなたもぜひ「神様のお金だ」と思って、やってみてください。あの世のお金を貯金することにもつながるように思います。

このお金を落とした人にもいいことがありますように
100

「私はもっと受け取っていい」と思えるだけで金運は勝手にアップする

MA《マ》CO《コ》

引き寄せ実践法のアドバイザー、メンタルコーチ、作家。成功哲学を学び始めた後、ネガティブ思考の強かった自分に合う実践方法にたどり着く。NLPコーチング、各種セラピーなどを学び、現在の仕事に生かしている。『ネガティブでも叶う すごい「お願い」』（小社刊）他、7冊の著書を刊行し、次々とベストセラーに。セミナーやブログで引き寄せの基本の考え方や具体的な実践法、心がラクになるヒントを分かりやすく伝えている。

お金の存在意義の認識を変えて、望むだけのお金がやってくる自分になる

「引き寄せ」という法則をご存じですか？

簡単に言うと、いいことを考えればいいことを引き寄せ、反対に悪いことを考えれば悪いことを引き寄せる、思っていることがそのまま現実化するという法則です（詳しくは、私の著書『ネガティブがあっても引き寄せは叶う！』をご覧ください）。

この世にはそんな引き寄せの法則があるので、本来、金運アップを願っていれば、そのとおりに豊かなお金持ちになれるはずです。なのに、どうしていつまでたってもお金に対する不安がなくならない現実があるのでしょう。

じつは多くの人が、自分自身に**「お金を受け取っていいよ」「お金持ちになっていいよ」という許可を出せていないから**です。たとえば、こんなことがあります。

ずっと手がけてみたいプロジェクトがあり、そのために必要なスキルを磨き、周囲を説得し、ようやく実現できるチャンスが回ってきました。

にもかかわらず土壇場で怖気《おじけ》づき、オファーを断ったり、別の人に譲ったりするケー

スです。

「私なら必ずできる」「自分はこの仕事をやっていい人間なんだ」と心から思えていないので、恐れや不安からせっかくのチャンスを手放してしまうのですね。

お金に関しても同じようなことが起こります。

「お金は簡単に得ていいはずがない」と思っている人のところには宝くじに当たるといったラッキーは起こらないし、「自分なんかがこんなにもらっていいのかな?」と**お金に対してバツが悪い気持ちがある人には大幅な昇給もありえない**でしょう。お金のほうが避けてしまうのです。

「受け取り拒否」の気持ちは誰しも少なからず持っているので、本来受け取るべき豊かさを享受するために、まずはお金に対する遠慮をはずしていきましょう。

受け取り許可を出す方法

お金を気持ちよく受け取る準備を整えるだけで、金運は自然と上昇しはじめます。

そのための基本的な考え方は、**「私はもっともっと、もらっていい!」**。

ではそのポイントを解説していきましょう。

ポイント1 「突然大金がやって来てもOK!」と言う、書く

自分自身に受け取り許可を出しましょう。

お金を引き寄せられないのは、あなたに受け取る準備ができていない、と宇宙が判断しているため。そこで、**「私はもらう価値がある」とアピールする**のです。

言葉は口に出したり、書いて形あるものに変えると、強いエネルギーを放ちます。「突然大金がやってきても大丈夫!」「ほしい金額を、ほしいかたちで受け取る!」と紙に書いたり、口に出しましょう。

実際に必要な金額と、ほしい金額が同額でなくてかまいません。つまり、多めに伝えてもOK! あなたは「もっともっともらっていい」。願いに遠慮はいりません。

ポイント2 お金が入ったら「よし! お金が来た!」と言う

思わぬ臨時収入があったら、「お金が来た!」と口に出しましょう。お給料のような、毎月振り込まれて当たり前の収入でも同じように。「よし! 今月もお給料入った!」

と言葉にしてください。

口に出すと、脳に重要な情報として記憶させる効果もあります。「お金が来た！」と何度も繰り返しているうちに、潜在意識のレベルで記憶として定着するのです。

潜在意識はそれが現実かそうでないかを区別できません。ふだんから「お金が来た」と言い続けていれば、**脳が現実のことと勘違いし、お金がどんどん舞い込む現実を引き寄せてくれる**のです。

私はお金だけでなく、物をいただいたときにも口に出しています。先日は梨をいただき、「もらった！　梨来たー！」と声に出しました。

「○○来た！」と口に出すことで、なにかを受け取って当たり前の日常を引き寄せます。しかもいいことばかり！

ちょっとした贅沢を自分に体験させてあげることで、「贅沢を受け取ってもいい自分」が現実化していきます。ブランド品を買ってもいいし、グリーン車に乗ってもいい。ふだんカフェでコーヒーを楽しんでいるなら、ホテルのラウンジを利用してみるのもいいと思います。

これは、**贅沢と感じてしまう物事を、自然に受け入れられる自分になるための練習**です。ふだんから、「そういうことをしていてもOKだよ」と体にならしておくと、いざ、ほしい物がやってきたときに遠慮しなくなります。

ちょっとした贅沢というのは、値段が高い、安いではありません。「なくてもよいものや、わざわざそこまでするなんて贅沢じゃない？」と思えることにお金をかけると、それを楽しんでいい自分になっていきます。

お金に対する罪悪感はこうしてなくす

お金を受け取る許可が出せない一方、お金を使うことに対する罪悪感がある人がいます。

引き寄せの法則は自分が出したエネルギーと同質のものを引き寄せるので、幸せなお金の使い方ができれば、幸せなお金が入ってきます。

使うときの感情が大事なのですね。こんな考え方に発想を切り替えてみましょう。

考え方1 「私の使うお金は、すべての人に役立っている」

お金に対する罪悪感や抵抗感を外すと、気持ちよくお金というエネルギーを使えるようになります。お金を使ったときに感じる、

「こんな贅沢していいのかな?」

「またお金を使ってしまった」

「これで残金がまた減っちゃうな」

私はこのようなネガティブな感情を否定はしません。けれど、お金のエネルギーは使うときの波動の影響を強く受けるので、**なるべくいい気持ちで使えるように練習**しましょう。

お金を使うことに罪悪感があるなら、貢献思考に発想を切り替えてみましょう。たとえば買い物をするときに、「またお金を使っちゃった」と考えるのではなく、

「私がいま払ったお金が、店員さんたちのお給料になっているのかも」
「私も日本の経済を回すのに役立ってい る。社会の役に立っているんだ」
などと、**お金を使うこと＝役に立つこと**、と発想を切り替えるのです。

お金を使うときに「ありがとう」を言い続けると、お金の引き寄せにつながるという考え方もあります。たしかにそうなのですが、いざ実践してみると、しっくりこないという人もいるのではないでしょうか。こっちが使っているのになぜ？　納得しきれない「ありがとう」はマイナスの波動を生み出してしまいます。

人間の心理には人の役に立ちたい、役に

お金を払うこと＝相手の役に立つこと、と考え方をチェンジ！　よい感情でお金を使いましょう

立つとうれしいという気持ちがもともと備わっているので、貢献思考でとらえるほうがしっくりくる方は効果がありますので、ぜひ試してください。

自分の出したお金が世界を回している、社会の一部となっている、自分の役割を果たしている、と考えると、お金を使う罪悪感が薄れ、気持ちよくお金を出せるようになります。

考え方2 気持ちよく出せる金額を知っておく

お金の引き寄せにおいて、「先にお金を出すと、戻ってくる」という説があります。これは、人を喜ばせるためにお金を使ったり、寄付をしたり、最初に出しておくと、後から戻ってくるという考え方です。でも、「ローンを組んでまで使いなさい」「自分の貯金をゼロにしてでも寄付をしなさい」ということではありません。

自分を変えたいなら、高額なセミナー代を無理してでも出して行きなさい、という意味ではありません。

「出したら入るっていうから、毎回人にごちそうしたり買い物したりしているのに、ただお金がなくなっていくだけで全然入りません……」

自分が気持ちよく出せる範囲以上の額を無理して使うこと、それは、波動の悪い状態で使っていることになるので、効果を感じられない、お金が回ってこないのです。

お金を出すのは、あくまで自分が気持ちよく払える範囲で始めましょう。その範囲は人によって違います。気持ちよく買える、気持ちよくごちそうしてあげる、気持ちよく寄付する。すると、そのお金のいいエネルギーは必ず循環するので、お金や別の良いことで、また自分に回ってくるようになります。

考え方3 死に金はない

私たち人間が生まれてくる目的は何だと思いますか?

答えは、**その肉体を使ってさまざまな体験をしていくため**です。うれしいこと、楽しいこと、ワクワクすること……そんなさまざまな体験をして、満ち足りた気分、生きている実感を味わうことにあるのです。

お金はそのための手段にすぎません。だから「死に金」もないのです。

どうしても興味があるセミナーがあれば、私はそれが100万円だったとしても参加するようにしています。その時点では、たしかにマイナスです。

ですが、その場で良いご縁があって後の仕事につながり、最終的にそれが1000万円の収入になったりすることだってあります。

これはあくまでたとえですが、**「生き金しかない」と自分で決めていれば、お金のエネルギーのよい循環はそんな風に回ります**。

本来、ムダなお金や死に金なんて存在しません。使うお金は、すべてあなたに素晴らしい「体験」をさせ、人のために役立っている生き金と思っていれば、よいエネルギーだけを引き寄せることができます。

考え方4 本当にほしいものを選ぶ

たとえば、こんなことはありませんか。

本当にほしいと思ったものは少し贅沢すぎて、結局そこそこの値段の2番目にほしかったものを買う。

「セールで安いから」と、枚数を揃えるためにこれだったらいいかという服を買う。

私は**本当にほしい物を買うようにして、かえってムダ使いがなくなりました**。本当にほしいものを買うと満たされるからです。

好きな物を買うと愛着が出ます。すると、自分のいい〝エネルギー〟が物に宿ります。「コレを着ていると気持ちがいい」「このバッグを持ってるとワクワクする」、そうなるとそのアイテムには、自分のいいエネルギーが乗っていき、それが運気を上げてくれるパワーアイテムになります。

お金は物質ではなくエネルギー体、変化し、動いていくものです

受け取り許可と、気持ちよく使える心が整うと、とたんに金運アップに恵まれます。とはいえ、受け取るのはお金だけとは限りません。

たとえば、ほしかった物が抽選で当たった、夫が昇進した、など。金運アップのための行動をしていたのに、彼ができたという人もいます。

お金を出したからお金で帰ってくるとは限りませんが、いいエネルギーはいいエネルギーをつれてくるので、別のよいことを引き寄せるケースは多いものです。

たとえば、こんなケースがあります。

大公開 私はこんな財布を使っています

赤が好きで、歴代赤い財布を使用。風水では「お金が燃える（消える）」と言われますが、私はお金が増えています！

初めてブランドの財布を買いました。以前は贅沢に思っていたけど、「そういう物を持っていい自分になるんだ」と決意

ポイントカードはほとんど捨てました。「ポイントが貯まって値引きされる分以上の運気を自分はもともと持っている」と考えています

❶ 物をもらう

❷ 臨時収入がある

❸ 仕事などで収入自体が上がる

時給が上がる、ボーナスが増える、なども含まれます。

❹ お金をかけてしてもらう内容を、無料で行ってくれる人が現れる

もし外注した場合30万円かかる内容を、無料で手伝ってくれる人がいた場合、私は「30万円が入ってきたのと同じだ」、と考えます。

❺ お金がかかるはずの案件で、支払いをしなくてすむ

支払うつもりでいた食事を人にごちそうしてもらったり、ほしいと思っていたものをプレゼントでいただく、なども含まれます。

❻ お金につながる情報が入ってくる

運用などではなく、お金につながる仕事などの情報が入ってくることです。

❼ 空間からお金が出てくる

忘れていたところから出てきたり、使い切ったと思っていたら残っていたりなど、本来ないはずだった場所から出てくることです。

こんなことがあれば、**間違いなくあなたのまわりで引き寄せがはじまっている**ということ。現金という形だけに執着しないほうがよいのです。また、戻ってくるタイミングも未知です。でも、必ず戻ってきます。それを信じられるかどうか。

「結局〝信じる者は救われる〟みたいなことなの？」と思うかもしれませんが、私もお金に対する考え方を変えた後、お金もその他のこともとてもいい方向に回り始めました。

まずはやってみてください。きっと変化が起こってきます。

COLUMN

家計簿をつけたほうがいい？

お金の管理のために、家計簿をつけている人も多いと思いますが、引き寄せの考え方では正直あまりおすすめしていません。

言葉と同じく、文字を書くことは強い力を持っています。家計簿をつけると、「使える分はコレだけ」と自らに制限をかけてしまうので、実際のお金もその枠を越えて入ってくることがないのです。

とはいえ、商売などをしていてつけざるを得ない人もいますよね。そういう人は、家計簿を見たときに「必要なことにお金が回っている！」と口にしましょう。悪い意識でなく、「私はお金をよく循環させている」という意識で見ましょう。

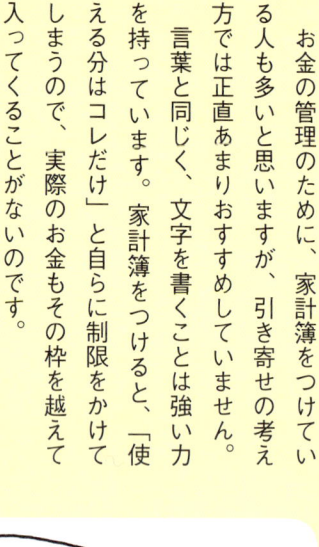

お金持ちなら必ず知っている神様&神社との付き合い方がある

白鳥詩子《しらとりうたこ》

神社開運協会代表。神社仏閣を大切にする家系に生まれ、幼い頃から神様、仏様の声を聞けるなど特別な能力を持つ。イギリス留学中に多くのヒーラーに出会い、その才能を見出される。帰国後、伊勢神宮遷宮の年に内宮にて御神託を受け、神社での正しい参拝のお作法を学ぶツアーを開始。人気を博している。主な著書に『神社で引き寄せ開運☆神様に愛されるお参り&ご利益ブック』(三笠書房)がある。

金運の神様より「金運」を上げてくれる神様がいます！

「日本には八百万の神様がいらっしゃいますが、金運専門の神様はじつはおられません」

そうお伝えするとみなさんがっかりするでしょうか。

多くの方に神社の魅力をお伝えしている仕事柄、私はふだんから全国さまざまな神社にうかがいます。ですが、金運アップに効果があるといわれている神社のほとんどは、過去にその土地で金が採掘されていたなど、地場的なことがらや歴史に由来していることがほとんどです。

とはいえ、金運専門の神様がいないからといって、がっかりする必要はありません。**商売繁盛や出世、玉の輿など、より具体的な願いを分業制で叶えてくれるのが、日本の神様**。ですから、「金運アップをお願いします」となんとなくお願いするのではなく、自分が本当は何を望んでいるのか、よくよく自分に問いかけてより金運を上げてくれる専門の神様にお願いするようにしましょう♪

ただし、願いが叶うかどうかは、ふだんの行いしだい。神様とどのようにお付き合いしているかが重要です。

大公開 私はこんな財布を使っています

中には新札と宝くじ。私も一度だけ数十万円が当たったことがありますが、神社参拝ツアーに参加された方も、このお財布の中に宝くじを入れていたら10万円当たったそうです。このお財布を使うようになってから、ムダ遣いが減りましたという方もいます

「皆中《かいちゅう》」という名前のついた、東京都新宿区にある皆中稲荷神社の宝くじ入れを財布代わりに。小銭入れはおもにお賽銭入れに使っています。黄金色でキラキラした、いかにも金運を引き寄せてくれそうなところがお気に入り

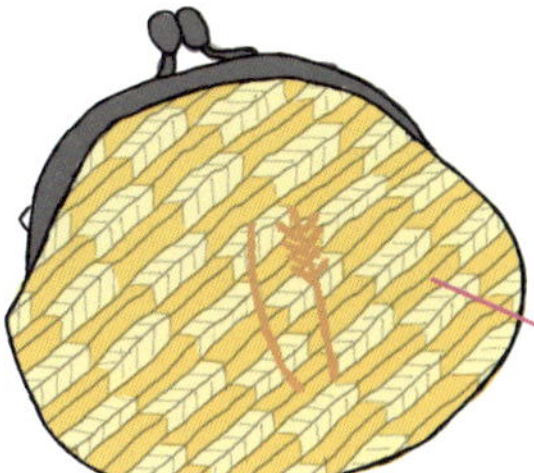

年数が経ってほつれが出てきたり、角が擦れたりしてきたらその都度、新しいものに。これで5代目

新しいお財布は「寅の日」に下ろします。神様がすべてを許してくれる「天赦日」や、新しい物事を始めるのによいとされる「一粒万倍日」などにおろすのもおすすめ

お金に恵まれている人たちの共通点

金運アップの方法については、富裕層に学ぶところが多々あります。

私は職業柄、これまでにたくさんの企業家や成功者にお会いしてきましたが、彼らの生活には、神様の存在がありました。そして、付き合い方にも共通点があったのです。

では、その特徴を具体的にお伝えしましょう。

共通点1 氏神神社、土地神神社、産土神社を大事にしている

神社といってもさまざまな種類があります。氏神神社、土地神神社、産土神社の3神社は、誰にとっても重要な神社です。お金持ちの人たちは、3神社への参拝を欠かさないのです。

氏神神社は同じ氏姓を持つ氏族間で、先祖代々の祖先神を祀《まつ》っている神社のこと。たとえば、藤原鎌足（中臣鎌足）を祖とする藤原氏の氏神神社は春日大社、というように、氏族によって決まっています。そのため、女性の場合は結婚して姓が変わると、氏神神社も変わります。

名家の生まれでなくても、大丈夫。氏神様はどんな人にもいらっしゃいます。あなたの一族を代々守護してくださっている神様なので、どこの神社よりいちばん大切にしてください。

自分の氏神様を調べたい場合は、お住まいの都道府県の神社庁に電話をして、調べてもらうこともできます。

産土神は、生まれた土地を守っている神様です。生まれる前から生涯を通して一生あなたの守護神になってくださるので、産土神社は氏神神社の次に大切にしたい神社です。

ちなみに、兄弟姉妹であっても生まれ育った土地が違えば産土神社も異なります。

お金持ちは、氏神神社、土地神神社、産土神社への参拝を欠かさない

最後の**土地神様は、その土地に鎮まり、守ってくれている神様**です。引っ越したら、そこの土地神様に挨拶に行きましょう。

氏姓、誕生地、住居はいわばその人の一生を決定づける、生活の基盤の部分です。ここを整えることは、**運の土台をつくっている**ようなもの。「出世なら○○神社」「商売繁盛なら××神社」と、神社のご利益を調べて特定の神社に行くのは3神社を大切にしたうえで行かれるとご利益が発揮されます。

自分の氏神神社がわからない場合は、土地神神社を氏神神社として敬ってください。また、産土神社は、幼少期の7歳までをメインに過ごした住所で調べます。先祖代々の土地でずっと暮らしている人は、氏神と産土神と土地神はすべて同じなことが多いです。

共通点2 お礼参りは必ず、しかも早く!

お金持ちの人たちは、どんなに忙しくてもお礼参りを欠かしません。

以前、とある企業家の女性から相談を受けたので、アドバイスをした後、「お礼参りに行ってくださいね」とお伝えしました。すると彼女は、翌日には航空券をとってお礼参りへ。

　願いが叶ってしまうと、たいていの人はありがたさを忘れてしまいがちです。「お礼参りは行けたら行こう」という心境になりがちなところ、お金持ちの人たちはきちんと礼を尽くしますし、**神様ごとを優先**するのです。

　旅先など、遠くの神社でお願いごとをしてなかなかお礼参りに行けない場合は、**遥拝をするか**（その神社のある方向を向いて、手を合わせること）、**御霊《みたま》分けされている同じ神様がお祀りされている神社に行ってお参り**されるといいですよ。

　たとえば伊勢神宮でお願いごとをした場合、本来なら伊勢神宮にお礼参りに行くのがベストですが、伊勢神宮と同じ、天照大御神をお祀りしている神社に伺うということです。

　お礼参りは、あくまでもお礼を伝えることをメインにしてみてください。もしあなたが人助けをしたとして、「ありがとうございました」とお礼を言われた後、すぐに「じつはもう一つお願いしたいことがありまして……」などと頼まれたらどんな気分になるでしょうか。それと同じことなのです。「自分が」ではなく、「神様だったら」と思いを巡らせるだけで、神様との距離がグッと近づきます。

共通点3

家の中に神様を招き、〝会話をする〟

最後の共通点は、**自宅に神棚がある**ことです。神棚を設置することは、神様を自宅にお招きすることになるので、生活の中で自然に神様を身近に感じられるようになります。

私は決して大富豪ではありませんが、毎日神様へのご挨拶は欠かしません。

出かけるときに神棚に向かって「今日は○○神社に行かせてもらいます。あちらの神様によろしくお伝えくださいね」と言って出掛け、帰ってきてからも「今日は無事、○○神社に行ってきました。神様ありがとうございました」と報告して、日々、神様

神札は直接壁に貼らないように注意！

とコミュニケーションを取るようにしています。

とはいえ、住宅事情により神棚を設置するのがむずかしい場合もあると思いますので、ここでは神札を飾る方法をお伝えしますね。

神札は、神様の御霊分けをしていただいているお札なので、神札には神様が宿っています。それゆえ、神札を飾るのは、自分の目線よりも高い位置で清浄な場所や、家族や自分がいつもいるリビングなどがおすすめです。もし目線よりも低い位置にしか設置できないなら、いつも座って拝礼するようにすれば問題ありません。

どうしても成就させたい願いを叶える必勝法

受験や昇進試験、起業……など、これだけはどうしても叶えたいという願いがある場合は、以下の3つの方法がおすすめです。

- **絵馬に書く**
- **昇殿参拝して祈願祈禱を受ける**
- **厄払いを取り入れる**

もちろん、ふだんの神様とのお付き合いが重要ですが、一般参拝よりも強い願望成就が期待できます。

願望必勝法1 絵馬に書く

願いごとは漠然と心の中で思っているより、言葉にするほうが願いを叶える力を秘めています。とくに、文字に書く行為はその最たるもの。絵馬に書いてお願いしましょう。

絵馬には願いごとをあれこれ書くより、優先順位の高いものを一つ、ポジティブな言葉で具体的に書いたほうが叶いやすいです。

お金に関する願いごとをするにしても「会社で出世してお金がいっぱい稼げるようになりますように」だけだともったいない！　思いには必ず理由があるはずなので、自由になるお金が増えることでどうなりたいかをお伝えしてくださいね。

たとえば、「家族で旅行に行って、家族と過ごす時間を増やしたい」「留学したい子供を安心して送り出してあげたい」といったようにです。

最近、御朱印について質問されることが増えてきたので、こちらも解説しましょう。

御朱印は、「この神社に参拝させていただきました」という証文ですので、**それ自体**

が護符になったり、願いを叶えたりする力をもっているわけではありません。ですが、集める楽しさがあり、見返すことで訪れた神社の思い出を呼び覚ます効果があります。**思いを馳せることで、神様とまたつながれる瞬間を生み出すことができます**。

私は御朱印をいただいてきたら、神棚にあげて、神様に今日参拝させていただいた神社についてご報告するようにしています。

願望必勝法② 昇殿参拝

神主さんは別名「仲取り」といって、神様と私たちの仲を取り持ってくださる存在です。強い願いがあるときは、神主さんのお力をお借りしてみましょう。その方法の一つが、厄払いなどでおなじみの昇殿参拝です。

昇殿させていただくと神様にもっとも近い場所で、祝詞《のりと》をあげていただけるので、あなたの願いを神様により強力に伝えていただくことができます。

さらにお焚き上げにより煙にのせて願いごとが神様に届くので、神様に願いを叶えてもらいやすいのです。

神主さんに祝詞をあげてもらっているときには心の中で、より具体的な願いを唱えましょう。

「商売がうまく行けば家族も喜ぶし、実家の両親も喜ばせることができる」

「仕事がうまくいって出世できたら収入が増えて、そのお金で家を買うこともできて家族も幸せになれる」

など、望みが叶うと単に自分が幸せになることだけでなく、**余波でまわりにいる人も幸せになれるのだということをお伝えしておく**と、より願いを叶えてもらいやすくなります。

プライベートなお願いだからと遠慮される方がいますが、私はもっと昇殿参拝を活用していただけたら、と思っています。

玉串料（昇殿参拝のときに包むお金）は、通常、3000円くらいからなのです。金

どうしても叶えたい願いごとは、絵馬に書くか、昇殿参拝をして神様により強くアピールしましょう

額によってご利益が異なることはありません。願いが届きやすくなるので、ぜひお受けになってみてくださいね。

願望必勝法3 答えに迷う場合はおみくじを有効活用

たとえば、転職活動をしていて、A社とB社のどっちに入社したらよいか迷っている。そんなときは、おみくじをとおして神様に答えを聞いてみましょう。

おみくじは運試しではなく、神様からのメッセージ。具体的な悩みを思い浮かべつつ、「答えをください」とお願いしてから引くと、遠回しであっても、必ずいまのあなたに必要ななんらかのサインをくださいます。

迷っている案件を頭でイメージしながら、おみくじを引きます。答えはそこに！

大吉や中吉など結果よりも、いただいたアドバイスの内容に注目してくださいね。引いたおみくじは、いつでも見返せるよう手帳などにはさんでおき、リマインドとして活用しましょう。

なお、おみくじを引く際は、神様にご挨拶（参拝）してからにしましょう。

願望必勝法④ 厄払いとセットで願う

私が参拝ツアーを行うときは、最初に厄払いの神社で参拝してから、それぞれ願いごとにあった御神徳のある神社に行くようにしています。

じつは厄祓いは願掛けにおいても重要。**厄を祓ってからのほうが、神社でのよい氣を取り込め、ご神徳をいただきやすくなるように感じる**からです。

スピリチュアルな面だけでなく、実生活にも影響があります。たとえば、厄がついている状態は、人間関係を見る目も、物事を判断する思考力も、モヤがかかったままなので、正確な判断が困難になりトラブルに見舞われやすくなるのです。

厄払いのご神徳がある神社を参拝するだけでも十分効果はありますが、あまりに物事が滞るようでしたら、昇殿参拝で厄払いをしてもらいましょう。

願いを叶えるには、「願ったら放す」を忘れずに

最後に意外にやっている願望祈願の落とし穴についてお伝えさせていただきます。

じつは、**熱心に願えば願うほど、その願望は叶いにくくなる**という傾向があります。

「本当に叶えていただけるのかなぁ……」と神様を疑っていることになるからです。

神様は一度、願いをお聞きになった後は、何とかしてあなたの願いを叶えてあげようと、あの手この手で画策してくださっています。ですから、神様に願いを伝えたら、「神様は必ず願いが叶うようにがんばってくださっているから大丈夫！」と**強く強く信じて、その後はすぐに願いごとのことは忘れてふだんの生活を充実させて**ください。

手放せない願いは執着に変わり、神様のところに届きにくくなります。せっかく神様が願いを叶えようと動いてくださっていても、願いごとに意識が集中するあまり、その動きをキャッチするアンテナの感度も鈍ってしまうのです。

神様は、絶妙なタイミングでチャンスを授けてくださいます。そのチャンスを逃さぬよう、願いは手放しておいてチャンスを掴める身軽な心と体を用意しておきましょう。

COLUMN

大晦日は自宅で過ごすと運気アップ

大晦日からお正月にかけては、最大の運気アップ期間を迎えます。

大晦日は年神様が新年の「運」を家に届けてくれます。そしてお正月には、一年に一度だけ新しく生まれ変わる霊力を授けてくださいます。今年ツイてなかった人も、年が改まったお正月には、気持ちを切り替えて、新たな一歩を踏み出す「再生の活力」を与えてくださるのです。

ちなみに、一年のお礼参りと初詣を一緒にしないで、少しめんどうでも年末の間にこの一年の感謝をきちんとお伝えし、新年になったら改めて「今年一年よろしくお願いします」と伝えにお参りに行かれたほうがていねいなので、神様に喜ばれ、毎年、運気を上げていける人になりますよ。

金運も幸運もやってくる！「神様貯金」を始めよう

真印《まいん》

スピリチュアルカウンセラー。四国・松山で、先祖代々霊能力をもって神事を担ってきた家系に生まれる。訪れる人を不思議な力で癒すことを仕事とする曽祖母・祖母の姿を見て育ち、自身も幼少の頃より他人には見えないものの姿や声を聞く。長くその力を封印していたが、美容師を経てさまざまな人の悩みを聞くうち、カウンセリングサロン「Silva 真印」を開設。著書に『いいことが次々やってくる！　神様貯金』（三笠書房）など。

神様は必要なお金を与えてくれる

神様は私たちのことを驚くほどよく見ていて、それぞれが自分の役割を果たせるように、必要なものは必要なときに必ず差し出してくれます。

この世で**お金が舞い込んでくる仕組みは、申告制**です。「月々いくら必要なので、そのために必要なお金を与えてください」とお願いし、そこで神様が「必要だ」と判断したら与えてくれる仕組みになっているのです。

「計らわずして、計らわれる」のですね。これは、**神様からの無限供給の扉を開けること**でもあります。無限供給とは、文字どおり必要なときに必要なものをいつでも与えてくれる世界です。

この仕組みを、実体験を通してみせてくれたことがありました。

美容師としてお店を経営していたときの話です。あるとき、月の売り上げがふだんより30万円多かったのです。私はその30万円を神様からのお小遣いのように感じ、ストックしておきました。

すると不思議なもので、翌月は売り上げが30万円下がってしまったのですね。神様が「与えるのは必要な分だけだよ」とあらためて教えてくれたできごとでした。

突然大金を手にしたり、有り余る財産を享受したり、なんてことは稀かもしれませんが、必要な分は与えてくださるので、基本的に私たちはお金に困ることはありません。ですが、それは「神様貯金」をしているかどうかにかかっています。

「神様貯金」とは、言ってみれば善積みです。自分のやるべき「善いこと」をコツコツ行っていくことで貯金が貯まり、そのご褒美として神様が人生をよりよい方向へと導いてくれるものです。

神様に金額をお伝えするときは、生活費の他に、貯金したい金額なども含めた数字を伝えるようにしましょう

「神様貯金」が貯まるための3つのルール

では、神様貯金を貯めるために、どんな考え方や行動をしていけばよいのでしょうか？

その前に、神様が決めたルールについてお話ししましょう。神様は、私たち人間が幸になるために次のような3つのルールを与えてくださいました。

- **自分の身近な人、周囲の人の役に立つことをする**
- **世の中全体のために役に立つことをする**
- **自分が心から楽しめることをする**

本来、幸せになることはとても簡単なことです。なぜなら、私たちは幸せになるために生まれてきているからです。それぞれ達成するべき目標を与えられると同時に、神様が達成できるように力を貸してくださっています。

幸せになるための行動は、じつは「神様貯金」を貯めることと直結しています。「いいことをすれば、いいことがある」のです。
ですが、先の2つに比べて、3つめがとてもむずかしい。多くの人が、世の中の常識的な幸せの基準に自分を押し込めてしまうのです。

今日から始める、「神様貯金」を貯める方法

神社に参拝して神様にこまめに挨拶する、家をきれいに保つ、などといったことも「神様貯金」を貯めることにつながりますが、今回は多くの人にとってむずかしい3つめ、「自分が心から楽しめる」ことをして神様貯金を貯める方法についてご紹介したいと思います。

役に立つことや楽しめることをすると、神様貯金は貯まります

「神様貯金」は実際のお金の動きとも連動しています。魂のテーマに沿った努力を重ね、人の役に立ち、いいことを積み重ねている人には、神様貯金の額に応じて仕事を成功させるようなこと、金銭面で自分を助けるようなことが次々と起こってくるので、ぜひ信じて実行してみてください。

方法1 自分が心から楽しめる状態でない時は、「いまは」をプラスする

自分の心が気持ちいいこと、喜ぶことだけをしたいけれど、やむを得ず望まない仕事や物事に取り組まなければならないときだってあるでしょう。

また、世間的に安定した仕事に就いていると、仕事を辞めてまで自分のやりたいことに挑戦するのは勇気がいることかもしれません。

そんなときは、「**自分の本来の役割を始めるまで、〝いまは〟この仕事を利用しているだけ**」と考えてみてください。

神様は必ずどこかで、本来の役割へ向かえるようなヒントや転換点を与えてくれます。それまでは「いまは利用しているだけなんだ」と考えるとちょっと気持ちがラクになります。

仕事のことだけではありません。「結婚したいけど、〝いまは〟相手がいない」、「〝いまは〟お金がないだけだ」と考えてもいいのです。

「いまは」が大切です。このひと言をプラスするだけで、**いまやっていること（状況）には期限があってやがて終える、近いうちに魂が喜ぶ方向に変化する**、と自分の心の中で決めたことになるのです。

方法2 朝スッキリと楽しい気持ちで目覚めているか、チェックする

この世で生きている私たちも、魂の部分では神様がいる向こうの世界としっかりつながっています。

仕事を辞めたいのに動けない……そんな状況も「いまは」の一言で少し前向きに捉え直しができます

じつは私たちの魂は、**眠っている間に神様のいる場所、魂のふるさとへ戻っています**。本来の目的を確認しにいっているのですね。

眠っている間に魂は思い切り休んで、リフレッシュする。そうしてスッキリした魂が肉体に戻ってきて、朝目覚めます。朝起きたら「今日もがんばろう！」とすがすがしい気持ちになっているはずなのです。

「また今日も仕事か……」

「あの人と会いたくないぁ」

といったどんより重たい気持ちが押し寄せてくるのなら、せっかく眠っている間に確認してきた本来の目的が現実に押しやられているということです。

「魂が望むことをしていない。本来の目標を忘れていることにそろそろ気づきましょう」という神様からの警告でもあります。

方法3 「ふと思った」ことをどんどんやる

神様は、「神様貯金」を貯めている人のことをいつも見ていて、応援してくれています。そして、ここぞというタイミングでメッセージを授けてくれます。

メッセージはおもに**「ふとそう思う」「なんとなく」**というかたちで表れます。

「ふと新聞で見かけた講座に通ってみようかな」

「なんとなくこの美術展が気になるな」

言葉で説明できるようなハッキリした理由はないけれど、なんとなくやってみたい、行ってみたい、と感じたことは、神様からのメッセージです。

そう感じたことは、どんどんやってみましょう。行った先で一生の仕事に関わるようなことがあったり、師匠となるような人に出会えたり、やりたいことにつながる情報を得られたりすることも少なくありません。

この声を信じないのはもったいないです。

「なんとなく…」という感覚は
神様からのメッセージ

「忙しいし」「お金がないし」といった理由があるかもしれませんね。いちばんもったいないのは、「ふと」何かをやりたいな、と感じたときに「いまこんなことして意味があるの？」と考えてやらないことです。

思いつきの理由を、神様は後々になってから教えてくれます。魂が望むことなので、悪い方向に進みようがないのです。神様を信じて、その思いつきに従ってみましょう。

方法4　体調の変化、人から言われたことを、真摯に受け止める

神様からのメッセージは、「ふと思う」以外のかたちで現れることもあります。

一つは病気やケガ、体調の変化などの、あまりうれしくないこと。軽いケガをした、病気になって入院をした、原因不明の湿疹が出た、体調がいまひとつすぐれない……。

そんなことがあったら、「少し休んだほうがいいよ」という神様からメッセージです。「休んで、少しこれからのことを考えてみたら？」という、本来の役割に気づかせるためでもあります。

そんなときは、素直に休みましょう。「いままで平気だったんだから大丈夫」と無理をし続けていると、今後は売り上げが落ちたり、営業がうまく進まなくなったり、

具体的なトラブルとして現れてくるかもしれません。

体調を大きく崩したことをきっかけに仕事を替え、その人に本来与えられていた役割の仕事をするようになって成功した人を私は何人も知っています。

神様からのメッセージは、他人によって伝えられることもあります。不思議なことに、そういう場合は耳が痛い内容であることが多いのです。

「けっこう上から目線だよね」

「優柔不断なんじゃない?」

一瞬、ムカッとするかもしれませんが、「神様がこの人を通じて伝えてくれているんだ」と素直に受け止めることです。

人生で起きるさまざまなことは、神様が出しているメッセージ、アドバイスだと思い、素直に受け入れていく。そういう謙虚な姿勢の人を神様は応援してくれるのです。

方法5 何か一つ、ゲン担ぎを取り入れてみる

毎月1日は、お金を使わないと決めています。昔から、**月の頭にお金を使ってしまうと、その月はお金が出ていく月になる**と言われているので、守っているのです。

また、1日と15日は神棚の榊《さかき》やお神酒《みき》を取り換える日、と決めています。そして神様に「ありがとうございます」とお礼を伝えます。

これらの行為はいわば、ゲン担ぎのようなものです。根拠があるわけではありませんが、こういった行動によって折にふれ神様を意識することができます。

こういった行動の積み重ねは、何かあったときに「自分には神様がついているから」という自信につながります。それが、ゲンを担ぐことの意味なのです。

ゲン担ぎは自分で決めたことでOK。神様との約束ごととして、守っていきましょう

大公開 私はこんな財布を使っています

「金運を上げるために、財布は○○でなければいけない」といった考え方はしませんが、ゲン担ぎの意味で茶色の財布を使っています。お金を育ててくれる「土」のイメージです

お金がゆったりできる長財布を使っています

小銭は電車用などの本当に必要な分だけしか入れず、夜には出します

1万円だけはリスペクトして"別棟"に泊まっていただいています。福沢さんはお友達が好きだから、別棟にいると寂しくてお友達をどんどん呼んできてくれると思っています

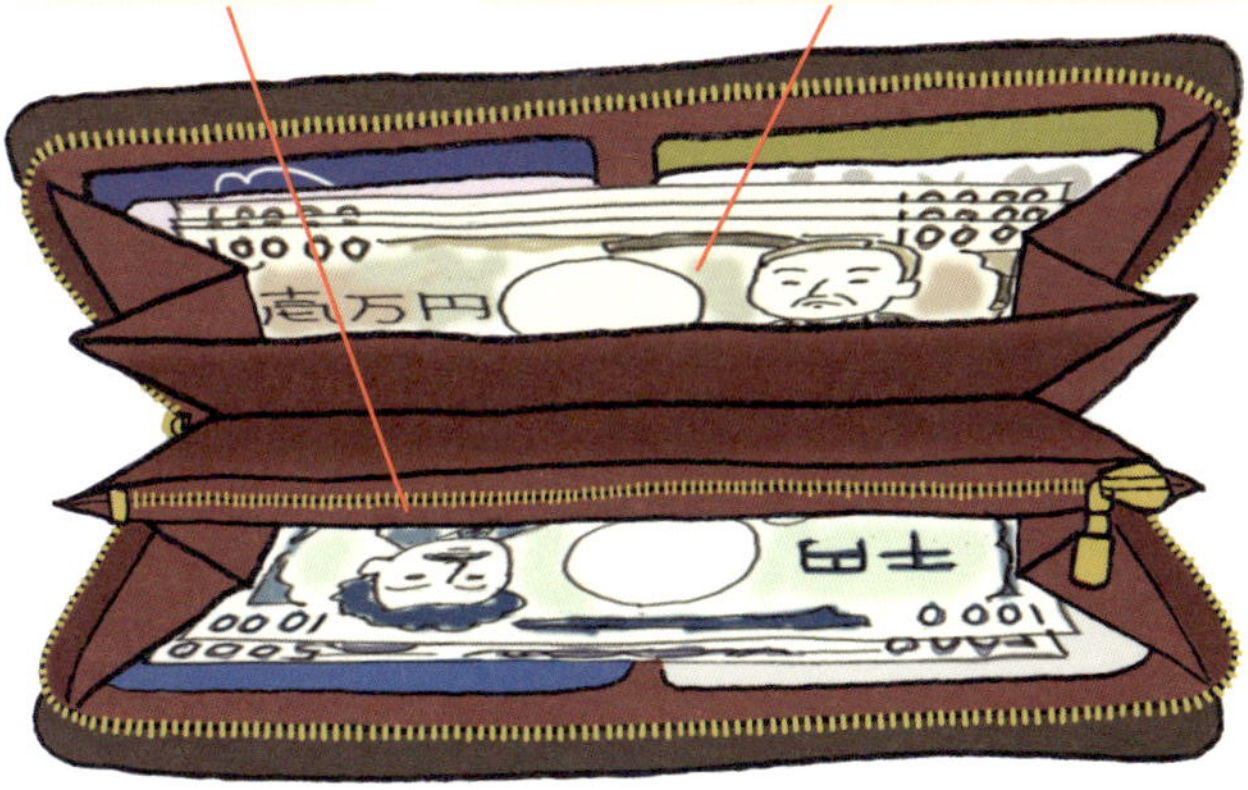

方法6　神様と向き合う時間をつくる

神棚を掃除したり、神社に参拝したり、神様と向き合う時間をつくりましょう。

必ずしも神社に行く必要はなく、自分の部屋でもかまいません。**ふるさとにいる魂や神様を意識できればどこでも大丈夫**です。

神様と対話する方法をご紹介しましょう。まず目をつむり、あらゆる思考を頭の中から追い出して、空気の流れを感じつつ、心を無にします。**ユラユラと川を流れるような感覚**を味わってください。

「声なんて聞こえてこない」と思うかもしれませんが、大丈夫。ちゃんと魂はふるさとの存在と対話をしています。不思議と問題や悩みが解決するのです。

空気の流れを感じつつ、ユラユラと川を流れるような感覚を意識

「忙しくて神様と向き合えない」という人がいますが、本当でしょうか？　一日の中で5分くらいの時間ならなんとかつくれるのではないですか？

「神様貯金」をきちんと貯めている人には、すでにラッキーなことやうれしい変化が起きているかもしれません。そのことを神様に感謝したり、これからの決意を伝えましょう。神様は必ず応援してくださいます。

方法7　一日を3分割にして行動する

自己投資というと多くの人がお金と考えますが、それ以上に投資してもらいたいものがあります。時間です。**時間を有効に使うことは、将来的に大きな財産**となります。

そうお伝えすると、多くの人は「時間の余裕がなくて、そんなことなかなかできない」と言います。

「仕事以外に趣味のアウトドアに出かけたいけど、時間がない」

「一からピアノを習いたいんだけど、練習する時間もないし……」

ならば、一日を3分割で考えてみてはいかがでしょうか。一日の時間を考えたとき、仕事をしている「オン」としていない「オフ」で考えがちです。でもこの2つだけでは、仕事がそれ以外の人生になってしまいます。

そこで、一日を3分割するのです。3分割するとそれぞれ8時間ずつ。仕事に8時間、食事や入浴、睡眠など生きるために必要な時間を8時間、そして**残りの8時間で、自分が興味あることや好きなことを思い切り楽しめます**。

一日を3分割するのがむずかしい人は、週末は必ず遊ぶ時間に使ってもいいと思います。もっと時間の使い方に自覚的になりましょう。「自分の魂の声に従う、本気でやりたいと望むこと、楽しいと感じることをする」ことで神様貯金は貯まるので、そのための時間を捻出する必要があるのです。

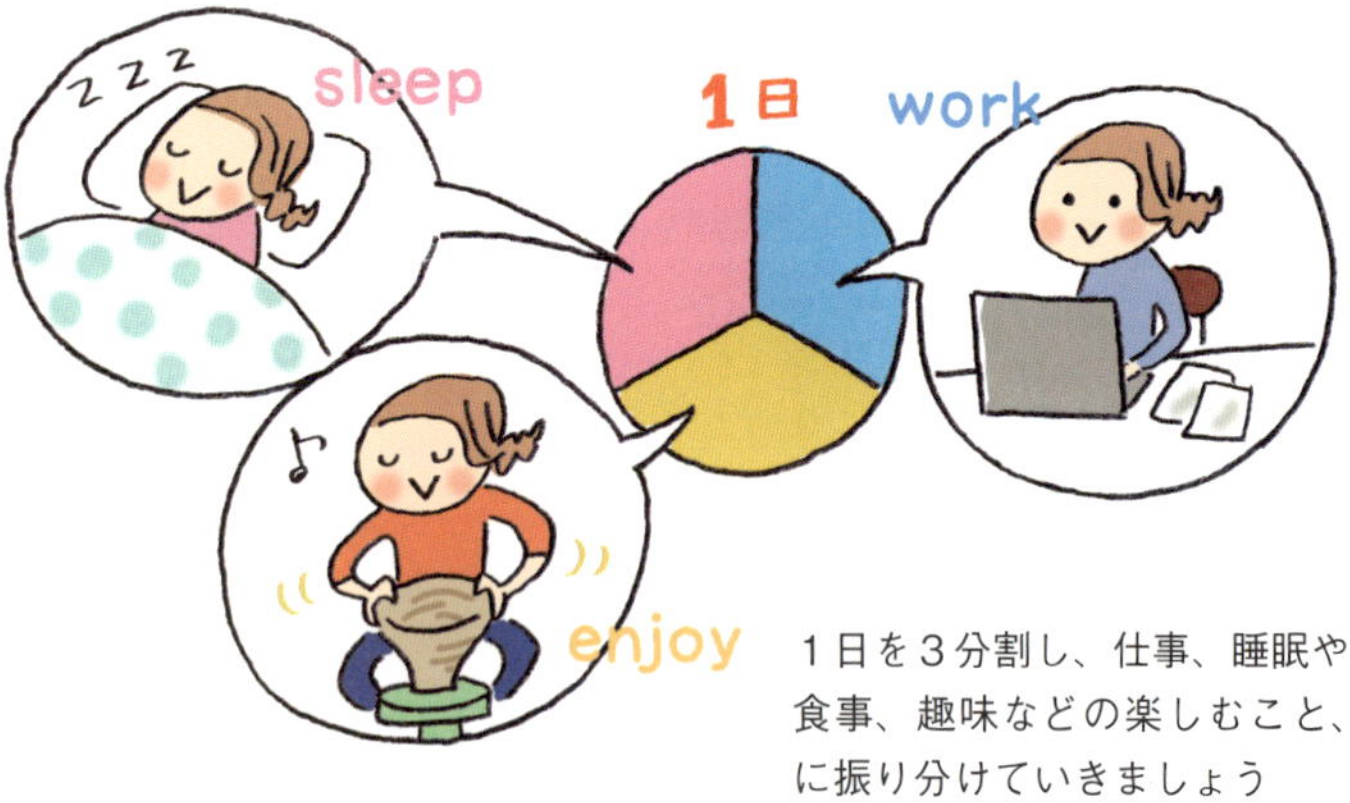

1日を3分割し、仕事、睡眠や食事、趣味などの楽しむこと、に振り分けていきましょう

いまを生ききり、日々を感謝して送る人を神様は決して見捨てない

私は、**一日を人生の縮図と考えて行動**しています。そう考えると、ダラダラと過ごす時間はもったいないと思うし、毎日をめいっぱい生きたい、と思えます。

毎朝、目覚めさせてもらったことに対して神様にお礼を言うとともに、つねに「いま」をありがたいと思って過ごしています。

いま自分が持っているもの、状況を喜んで、「今日もおやつを食べられてよかった」などと、ハッピーなことを数えるようにするのです。満たされている人は、まわりの人に幸せをおすそ分けできるし、それは「善いこと」をすることにつながります。当然、お金もそういう人のところに回ってくるのですね。

いま持っている物に目を向けず、起こるかわからない先の不安ばかりに目を向けて「足りない足りない」と生きるのはとてもしんどいと思います。

「いま、幸せだ」という思いは体に弾力をつけてくれて、逆に「足りない」という焦りは体に劣化を起こします。

毎日「いま」に目を向けましょう。毎日、朝元気に起きて、体が動いて行動できることに感謝しながら、足りないことでなく、ハッピーなことを数えるだけで、究極的には「神様貯金」を貯めていけるのです。

幸せなお金が無限にある宇宙銀行活用法

山富浩司《やまとみこうじ》

「引き寄せの公式®」発案者。幼少期のDV、20代での余命宣告、阪神・淡路大震災での被災と数年前まで逆境の連続。2011年に受けたリストラを機に、長年研究を続けていた「引き寄せの公式」を完成させる。その後は引き寄せのオンパレードで劇的に人生が好転。「引き寄せ加速装置」「ミラクルタッピング®」などを開発し、著書に『引き寄せの公式』『〈お金〉引き寄せの公式 こうして宇宙銀行から「幸せなお金」がやってくる』などがある。

「感情をともなわない思考」は現実化しない！

この世界に「宇宙銀行」という銀行があるのを知っていますか。

宇宙銀行とは、宇宙一の利回りで、無限の富と豊かさが預金されている夢の口座です。その口座から、あなたは必要なときに好きな額だけ引き出すことができます。さあ、真っ暗な宇宙空間に浮かぶ、金色に光り輝く銀行をイメージしてみましょう――。

ずいぶん都合のいい話だと思われるでしょうか？

でも、これは単なるイメージの世界の話ではありません。私自身、宇宙銀行と取引ができるようになってからというもの、臨時収入に恵まれる、仕事のチャンスをいただく、といったさまざまな機会に恵まれたのです。

「宇宙銀行」の存在に気づくまでは、私の人生はうまくいかないことの連続でした。いまから30年前、20代のときにナポレオン・ヒルの『思考は現実化する』（きこ書房）を読み衝撃を受けた私は、本気で人生を変えたいと思い、給料の大半をセミナーや教材費にあてました。本に書かれていたのは、いまでいう「引き寄せ」の法則です。月収20万円の時代に、１００万円のセミナーにも通ったこともありました。

ですが、実際に引き寄せることができたのは、幸せとは反対の悲惨なことばかり。その極めつきがリストラと借金です。

2011年2月、**50歳のときにそれまで勤めていた会社をリストラされました**。当時、阪神・淡路大震災で被災し家を失っていた私は、地震保険に入っていなかったこともあり、二重のローンを抱えていました。借金は4000万円。そんなタイミングでのリストラだったのです。

そこではじめて、**感情をともなわない思考は現実化しない**ことに気づきました。

たとえば、「自分にはお金が入ってくる」と考えたとします。でも、「そんな実力、はたして自分にあるのだろうか?」といった不安や心配の感情が心の奥にあると、実

宇宙銀行には無限の富と豊かさが預金されていて、誰でも引き出すことができます

現できないのです。

とくに、それまで私が学んでいた引き寄せの法則は、個人主義をベースとした欧米系の考え方に基づくものでした。

「自分だけがお金を儲けるには」

「お金のためなら何でもする」

といった弱肉強食の狩猟民族的な思考は、和を重んじる日本人として生まれてきた私にはどこか居心地の悪いものだったのですね。願いはするものの、感情をうまくのせることができなかったのです。

その後、独学で「和の引き寄せ」にたどりつきます。これは、**自分だけでなく、まわりの人も一緒に幸せにすることで、自分も幸せなお金持ちになろうという考え方**です。そうして、「宇宙銀行」の存在にも気づくことができたのです。

宇宙銀行からお金を引き出す方法

では、実際に宇宙銀行の利用方法を紹介しましょう。

方法1 宇宙銀行で引き出せるのは、「幸せのお金」だけ

お金には**「ふつうのお金」と「幸せなお金」の2種類**があります。ふつうのお金とはいわゆるただのお金のことで、幸せなお金はいわば「愛のエネルギー」。**宇宙銀行で引き出せるのは「幸せなお金」だけ**です。

お金を引き出したいときは、そのお金を使って実現してみたいことをイメージします。そのときに、感謝の気持ちやワクワクした感情がわいてきたら引き出しは完了しています。

ただし、「幸せのお金」は愛のエネルギーなので、お金というかたちで返ってくるとは限りません。

たとえば、主婦の方であればご主人のお給料がアップする、オークションサイトに出品したものが予想外の高値で落札される、といったことがあります。ずっとほしかった化粧品をお土産でいただいたりすることもあるでしょう。

会社員の方なら、高収入の会社に転職が決まるなど、サプライズで引き出されることもあります。愛のエネルギーはさまざまなかたちに変化します。

方法2 愛のエネルギーを送ることができると残高が増える

手元にやってきたお金に感謝して、自分と周囲のために愛をもって使うことができるようになると、勝手に宇宙銀行にお金が貯まっていきます。

たとえばおいしいものを食べるとき、自分ひとりで食べるより、まわりの人にも分け与えてよろこぶ顔を見られるほうが、幸せなお金の使い方になります。

いつもごちそうしてあげましょう、とお伝えしているわけではありません。まわりの人への思いやりを持ち、自分の利益だけに固執せず、自分が願いを叶えることでまわりの人たちも幸せにしたい、という考え方が少しでもできれば、幸せなお金を引き寄せることができます。

「自分だけが得したい」「お金を稼ぐためならなんでもする」といった利己的な気持ちでいると、宇宙銀行との取引は中止され、口座も凍結してしまいます。

方法3 お金への思い込みを捨てる

「お金儲けは悪いこと」

「自分に大金が入ってくるはずがない」

こんなふうにお金にまつわるネガティブな感情や思い込みがあると、宇宙銀行の貯金が増えません。宇宙銀行のお金は人を幸せにするお金です。**「愛のエネルギー」なので、いくらでも受け取っていいもの**なのです。

方法4 「お金がほしい」と強く願ってはいけない

強く思えば叶うわけではない、というお話をしますね。

「お金がほしい！」と思いすぎると、よりお金がほしいと言いたくなるような現実がやってきます。**お金がない不安やあせりが似たような感情をつれてくる**からです。

これが「引き寄せの落とし穴」です。感情をともなわない思考は現実化しないとお伝えしましたが、一方、感情がともなってしまえばネガティブな願いも現実になってしまうのです。

宇宙銀行には幸せなお金が無限に存在しているので、安心した気持ちでいてください。

お金に限らず、「強く願っている」ときは、要注意です。「手に入らなかったらどうしよう」「できるわけがない」といった、心配、不安のようなマイナスの感情や、マイナスの思い込みが潜んでいるためです。

「できてあたりまえ」ということに対しては、強く願うことはありません。ふつうに家事や仕事をされている方であれば、「明日は家事（仕事）をするぞ〜！」と強く願うことはありませんよね。「できて当然」と思っているから、実際にできるのです。

マイナスの感情は既刊（『和の引き寄せ』を加速する マインドフルネスタッピング』（KADOKAWA）をお読みいただけましたら幸いです。

あとは「入ってきて当然」と思えるようになります。すると宇宙銀行から大きな幸せなお金の流れができてきます。

ちなみに、**お金を持ち歩くお財布も持っていてうれしくなるものがおすすめ**です。旅先で購入してもいいですよ。旅の思い出という楽しいエネルギーがつまったお財布になります。

方法5 余分な出費は引き寄せのチャンスと考える

お金は、使うときの感情が本当に重要です。

たとえば、コーヒーが飲みたくて自販機を探したけれど一向に見つからないのでカ

大公開　私はこんな財布を使っています

オーソドックスな黒色の長財布。ブルガリを使っています

朝出かけるときに、財布とお金に「ありがとう」と声をかけます

よく使うカードを４枚だけ。レシートやショップカードは入れません。
（※別に収納できるケースをバックに入れてあります）

金運グッズとして純金箔の１万円札を入れています

毎朝88,000円になるようにお金を入れます。末広がりの縁起担ぎです。数字を意識してから、実際に宇宙銀行からの幸せなお金の流れがよくなっています

フェに入ったとします。そのとき、「高くついちゃったな」と思わないでいただきたいのです。

出費を気にしていると「自分にはカフェに入るだけのお金の余裕がない」と潜在意識や宇宙銀行に宣言することと同じだからです。

さらには、「お金の余裕がない」と思っているときの感情は心地よくない感情で、心地よくないお金の状態をつくります。良い感情でお金を支払えば、心地よいお金の流れができてきます。

たしかに予想外の出費ですが、そんなときは「やっぱりドリップしたてのコーヒーは違うな」と喜びましょう。カフェにお金が「入っていく」ことを喜ぶのもいいことです。**予想外の出費は引き寄せのチャンス**と考え、喜んでお金を入れれば入れるほど、いずれ必ずあなたに返ってきます。

方法5 余分な出費は引き寄せのチャンスと考える

カフェに行くと、コーヒー1杯で何時間も粘っている人を見かけることがあります。

また、閉店前のスーパーでは、誰よりもお得なお惣菜の値引き品を手に入れようと躍起になっている人がいますよね。

「少しでも安く、誰よりも得をしたい」

いまの世の中は、このような考え方が蔓延しているのかもしれませんね。ですが、宇宙銀行を活用する上でマイナスになる考え方です。先程お伝えしたように、心の余裕にふさわしいだけのお金は必ず入ってくるのです。

借金返済を成功させるカギ

最後に、自ら経験したからこそわかる、借金返済についてお話しします。

借金をしてしまったときは、返済することを目標にしないことです。「借金がある私」と「返済する私」にフォーカスするこ

タイムセール品に必死な
自分はもう卒業！

となるので、いつまでも〝願ったとおり〟の現実が続いてしまいます。

かつての私もそうでした。「借金のある自分」がイメージの標準設定になっているので、「はたして、いつになったら返し終わるのだろうか……」と、いつも不安でした。返済日が途切れることなくやってきては、不安と返済が続いていくスパイラルにはまると、しんどくてたまりません。

これまで、願いを叶えるためには、そのときに自分が抱いている感情がもっとも大事だとお伝えしてきました。でも、「借金返済」と聞いてワクワクなんてできないですよね。

そこで、**借金を返済したらやってみたいことをゴールに設定**します。

ワクワクすることをイメージすると、その手前にある大変なことも乗り切れる！

「家族で楽しく外食がしたい」

「子供のほしがっていたものを買ってあげたい」

返済の先にある幸せを思い描くと、目的が変化します。

たとえば、東京から新幹線で京都に行くとしましょう。その際、途中にある品川駅は自動的にルートに組み込まれていますよね。この場合、京都＝借金を返済したらやってみたいこと、品川駅＝借金の完済です。ゴールを〝京都〟に設定すると、勝手に〝品川（借金の完済）〟はラクラク通過することができるのです。

借金という楽しいことを封印してしまいそうな局面でこそ、ワクワク感は夢を叶えるいちばんの原動力になります。最短ルートで借金を返済するカギになってくれます。

宇宙エネルギー＝気の流れを味方にして自分で自分の運気を上げる！

勝沼慧衣《かつぬまさとえ》

気学カウンセラー。氣学塾塾長。全国16カ所にクラスを持ち、ニューヨークやパリなど海外でも気学講座を開催するほか、家相（風水）鑑定、姓名判断、恋愛・結婚・仕事などの個人鑑定も数多く行う。〝歩くパワースポット〟と称され、芸能人や作家、企業家などからの支持も厚い。著書に『幸せを呼ぶ開運氣学』（二見書房）、『あたらしい自分になる 運の磨き方百科』（かんき出版）などがある。

エネルギーを取り込み味方にして運を開く

気とは、簡単に言えばエネルギーのこと。**この世には気＝エネルギーがあり、「気学」はその流れを自分の人生に効果的に取り入れることで、運を開く方法**です。

たとえば、疲れているときに森林や緑の生い茂った場所に行くと、なぜか元気が出ますよね。それはいい気を取り込んでいるから。イメージとしてはそんな感じです。

私たち人間も宇宙の一部で、当り前に宇宙エネルギーの影響を受けています。そのため、気の流れを知ってうまく自分の生活に取り入れると、「なんだかわからないけど調子がいいな」と感じるし、ビジネスの業績がアップするといったことが起こります。

気学はもともと方位学と言われ、**エネルギーを取り込むことと方位が密接に結びついている**のが特徴です。

といっても、多くの人は、「この方角に行くといいことがある」と聞いても、「そんな都合のいい話があるわけないよ～」と思うかもしれません。

以前は私もそうでした。でも気学と出合って学び始めた頃、まずはできることから

最近なんだかツイてない
なってときは……

必要なエネルギーがある方位へGO！
気がみなぎる感覚としては、自然のある
場所でリラックスできるような、そんな
感じです

必要な気のある場所で、
エネルギーをチャージ。
運気も上向きに！

やってみようと思い、自分にとってよいエネルギーを取り込みに行く「吉方取り」を2か月続けてみたのです。

するとご縁が少しずつ変わって、それまでとうてい出会えなかった人たちと出会えるようになり、**収入も1年で2倍**に増えました。

最初は驚きの連続でしたが、考えてみれば、**気の流れに乗るというのは、風の強い日にそれを追い風にして進むようなもの**。向かい風を受けて歩くのはたいへんですが、風を背にして歩けばびっくりするほどラクラク進めるように、気の流れに乗れると、さまざまなことがうまく進むようになります。

現状維持はマイナス、だから自分で補う

気学のいいところは、天のお達しを聞いたり、自分に運が向いてくる時期を待ったりと受身ではなく、**「こうなりたい」と思ったら能動的に、必要なエネルギーを自分で取りに行ける**ところです。

なぜ「取りに行く」という表現になるかというと、自分の吉方位に移動して、足りないエネルギーを補充するため。それにより、ラッキーな現象を引き寄せることがで

きるからです。

たとえば、何かの代表になったり、人前で話すのが苦手な人は、リーダーシップを発揮しやすい性質を持つ方位にエネルギーを取りに行くことで、自分にない要素を得ることもできます。


人間のエネルギーは、日々生活するうちに失われていきます。オギャーと生まれて老いていく過程でエネルギーも死に向かって下がっていくので、お肌のお手入れと同じで、何もせずに現状維持はできません。たとえ**現状維持している人でも、エネルギー的には退化している**んですね。

だから、誰もが気を取りに行き、エネルギーを補充します。

自分がどうしたいか、どうなりたいかをベースに、なりたい自分になる力(＝気)を取りに行く。そうすることで、なりたい人生を手に入れることができます。

気学＝方位と考えられがちなのはなぜか?

気学は中国の陰陽五行説(※)から発展した開運法で、方位と密接に結びついています。風水は方位などをもとに住環境を整えることで開運するのに対し、気学はおもによい方位（自分がほしいエネルギーを持つ方位）に行くことによって開運します。

各方位にはそれぞれ異なるエネルギーが宿っていて、たとえば東の気は「ひらめきのエネルギー」。企画力やプレゼン力を上げたい人は、早起きして東を向いて立ち、東から昇る朝日を浴びるだけでも、東の持つエネルギーを受け取ることができます。

それらのエネルギーの中から、いま自分に必要なエネルギーをより効果的に受け取るヒントになるのが「吉方位」です。

吉方位とは、自分を生かしてくれるエネルギーが宿る方角のこと。その方位へエネルギーを取りに行って補うのが吉方取りな

とくに、商談や契約など、重要な物事こそエネルギーを取り入れるのをおすすめ

営業成績アップ!!
ご契約ありがとうございます

のですが、もちろん、金運アップの方法としても活用できます。

営業職や自営業の人は、自分にとって吉方の方角で打ち合わせや商談をすると有利に運ぶでしょう。

しかし、方位をとれないときもありますよね。そこで、**最大吉方のアイテムを取り入れることで、日々の生活の中で活用**できる方法をご紹介します。

※方位としての活用法を知りたい方は、私の著書いいことばかりが次々起こる！ 幸せを呼ぶ開運氣学』（二見書房）の本をご参考ください。

※自然の摂理とエネルギーの流れをとらえ、この世は天と地、男と女など、相反する二つのエネルギーが補いあうことで調和し、万物はすべて「木」「火」「土」「金」「水」の5つ要素（気）に分けられるという考え方。

自分が幸せになるための最短の道は最大吉方を知ることでわかる

まずは、自分の持っている「星」を調べてみましょう。気学では、生まれた年によって、その人が影響を受けている宇宙エネルギーを次の9つの性質（九星）に分類しています。

一白水星《いっぱくすいせい》　二黒土星《じこくどせい》

三碧木星《さんぺきもくせい》　四緑木星《しろくもくせい》
五黄土星《ごおうどせい》　六白金星《ろっぱくきんせい》
七赤金星《しちせききんせい》　八白土星《はっぱくどせい》
九紫火星《きゅうしかせい》

これを**「本命星」**と言います。

自分が9つの星のどれに当てはまるかを知ることで、あなたが生まれながらに持っている基本的な性格や運勢がわかります（それぞれ特徴がありますが、本書では自分に必要なエネルギーを受け取る方法についてお伝えしているため、割愛しますね）。

人は、持って生まれたエネルギーに沿って生きることが幸せへの近道ですが、育った環境やそれまでの生き方によって、本命星の長所が発揮できていない場合が少なくありません。

より**本命星らしく生きて、本当の自分らしさや輝きを取り戻す**ことで運もどんどん引き寄せられます。**そのために、いまのあなたに何が必要なのかを教えてくれるのが最大吉方の星**です。

自分に不足しているエネルギーを新たに補うことで、ご縁を変え、道を開いてあなたの全体運を上げる方法を教えてくれる星でもあります。

最大吉方は、本命と月命の組み合わせと、五行の関係から割り出されるので、次ページからの「本命・月命・最大吉方一覧表」で、あなたの最大吉方を調べましょう。

方法1 本命星を調べる

まずは左の「本命星一覧表」で、あなたの本命星を見つけてください。

1980年生4月20日生まれの人を例にご説明します。1980年生まれは、表でみると「二黒土星」になります。

本命星一覧表

※2月4日から
新しい年になります。

西暦	本命数
1935	二黒土星
1936	一白水星
1937	九紫火星
1938	八白土星
1939	七赤金星
1940	六白金星
1941	五黄土星
1942	四緑木星
1943	三碧木星
1944	二黒土星
1945	一白水星
1946	九紫火星
1947	八白土星
1948	七赤金星
1949	六白金星
1950	五黄土星
1951	四緑木星
1952	三碧木星
1953	二黒土星
1954	一白水星
1955	九紫火星
1956	八白土星
1957	七赤金星
1958	六白金星
1959	五黄土星
1960	四緑木星
1961	三碧木星
1962	二黒土星
1963	一白水星
1964	九紫火星

西暦	本命数
1965	八白土星
1966	七赤金星
1967	六白金星
1968	五黄土星
1969	四緑木星
1970	三碧木星
1971	二黒土星
1972	一白水星
1973	九紫火星
1974	八白土星
1975	七赤金星
1976	六白金星
1977	五黄土星
1978	四緑木星
1979	三碧木星
1980	二黒土星
1981	一白水星
1982	九紫火星
1983	八白土星
1984	七赤金星
1985	六白金星
1986	五黄土星
1987	四緑木星
1988	三碧木星
1989	二黒土星
1990	一白水星
1991	九紫火星
1992	八白土星
1993	七赤金星
1994	六白金星

西暦	本命数
1995	五黄土星
1996	四緑木星
1997	三碧木星
1998	二黒土星
1999	一白水星
2000	九紫火星
2001	八白土星
2002	七赤金星
2003	六白金星
2004	五黄土星
2005	四緑木星
2006	三碧木星
2007	二黒土星
2008	一白水星
2009	九紫火星
2010	八白土星
2011	七赤金星
2012	六白金星
2013	五黄土星
2014	四緑木星
2015	三碧木星
2016	二黒土星
2017	一白水星
2018	九紫火星
2019	八白土星
2020	七赤金星
2021	六白金星
2022	五黄土星
2023	四緑木星
2024	三碧木星

方法2

月命星を調べる

本命星がわかったら、次に、左の「月命星一覧表」で生まれた月の星「月命《げつめい》」を調べましょう。自分の生まれた日（縦軸）と、本命星（横軸）の交わるところがあなたの月命星です。

4月20日生まれの場合、「二黒土星」（縦軸）と4／5～5／5（横軸）の交わるところを見ると、「九紫」になります。

月命星一覧表

生まれた日＼本命星	一白 四緑 七赤	二黒 五黄 八白	三碧 六白 九紫
2/4～3/5	八白	二黒	五黄
3/6～4/4	七赤	一白	四緑
4/5～5/5	六白	九紫	三碧
5/6～6/5	五黄	八白	二黒
6/6～7/6	四緑	七赤	一白
7/7～8/7	三碧	六白	九紫
8/8～9/7	二黒	五黄	八白
9/8～10/8	一白	四緑	七赤
10/9～11/7	九紫	三碧	六白
11/8～12/6	八白	二黒	五黄
12/7～1/5	七赤	一白	四緑
1/6～2/3	六白	九紫	三碧

星の切り替え一覧表

本命と月命がどちらも 一白水星 → 月命が九紫火星に

本命と月命がどちらも 二黒土星 → 月命が六白金星に

本命と月命がどちらも 三碧木星 → 月命が四緑木星に

本命と月命がどちらも 四緑木星 → 月命が三碧木星に

本命と月命がどちらも 五黄土星 → 月命が
女性は六白金星に
男性は七赤金星

本命と月命がどちらも 六白金星 → 月命が二黒土星に

本命と月命がどちらも 七赤金星 → 月命が八白土星に

本命と月命がどちらも 八白土星 → 月命が七赤金星に

本命と月命がどちらも 九紫火星 → 月命が一白水星に

もし、本命と月命が同じだった場合、「星の切り替え」が必要です。該当する方は、前ページの「星の切り替え一覧表」を見て、自分の月命を切り替えてください（本命はそのままです）。

※気学では、1年の始まりを2月立春（2月3日）としており、2月4日から新しい年になるので、生まれ月が1月の人と2月3日までに生まれた人は、前の年の星が本命となるので注意してください。

方法3 最大吉方を調べる

最後に左の「本命・月命・最大吉方一覧表」で、最大吉方を調べます。

例の場合、本命＝二黒、月命＝九紫なので、表をチェックすると、八白になります。

最大吉方別　開運ポイント

自分にとって幸せに導いてくれる星（最大吉方）を日々いかに取り入れるかが大切です。方位として取ることももちろんいいのですが、**日々意識して日常生活の中で使っていくこと**をぜひおすすめします。気学は実践です。やったらやっただけ結果がついてきます。

本命・月命・最大吉方一覧表

本命星	月命星	最大吉方
一白	二黒	六白、七赤
	三碧	四緑
	四緑	三碧
	五黄	六白、七赤
	六白	七赤
	七赤	六白
	八白	六白、七赤
	九紫	三碧、四緑
二黒	一白	六白、七赤
	三碧	九紫
	四緑	九紫
	五黄	六白、七赤、八白、九紫
	六白	七赤、八白
	七赤	六白、八白
	八白	六白、七赤、九紫
	九紫	八白
三碧	一白	四緑
	二黒	九紫
	四緑	一白、九紫
	五黄	九紫
	六白	一白
	七赤	一白
	八白	九紫
	九紫	四緑
四緑	一白	三碧
	二黒	九紫
	三碧	一白、九紫
	五黄	九紫
	六白	一白
	七赤	一白
	八白	九紫
	九紫	三碧
五黄	一白	六白、七赤
	二黒	六白、七赤、八白、九紫
	三碧	九紫
	四緑	九紫

本命星	月命星	最大吉方
	六白	二黒、七赤、八白
	七赤	二黒、六白、八白
	八白	二黒、六白、七赤、九紫
	九紫	二黒、八白
六白	一白	七赤
	二黒	七赤、八白
	三碧	一白
	四緑	一白
	五黄	二黒、七赤、八白
	七赤	一白、二黒、八白
	八白	二黒、七赤
	九紫	二黒、八白
七赤	一白	六白
	二黒	六白、八白
	三碧	一白
	四緑	一白
	五黄	二黒、六白、八白
	六白	一白、二黒、八白
	八白	二黒、六白
	九紫	二黒、八白
八白	一白	六白、七赤
	二黒	六白、七赤、九紫
	三碧	九紫
	四緑	九紫
	五黄	二黒、六白、七赤、九紫
	六白	二黒、七赤
	七赤	二黒、六白
	九紫	二黒
九紫	一白	三碧、四緑
	二黒	八白
	三碧	四緑
	四緑	三碧
	五黄	二黒、八白
	六白	二黒、八白
	七赤	二黒、八白
	八白	二黒

（注：「五黄土星」は、方位でみるときに五黄殺という凶方で消してしまうため、最大吉方としては使いません。そのためこの項には五黄土星はありません）

左ページに最大吉方のアイテムをまとめましたので、自分の最大吉方の星の色や数、場所、アイテムをどんどん使ってみましょう。

例であげた1980年4月20日生まれの場合は最大吉方が「八白」なので、開運ポイントは八白土星の欄をチェックします。

まず身近に取り入れたいのが「色」です。ふだんから開運カラーの洋服やバッグ、小物を持っていると、**そのエネルギーによっていいご縁やチャンスが引き寄せられてきます**。

ほかにも、開運ナンバーや開運プレイス、開運ストーンなどが、あなたの足りないエネルギーを補ってくれます。ものは試しで、**2カ月から半年、意識的に身につけ、取り入れてみてください**。

最大吉方	開運カラー	開運ナンバー	開運プレイス	開運ストーン	開運フード
一白水星	白 黒	1・6	海、プール、 温泉などの 水場	ムーン ストーン	魚類、穴のあいたもの （マカロニ、ちくわ、 れんこんなど）、ホワイトソース （シチュー、グラタン）
二黒土星	こげ茶 黄色	5・0	ゴルフ場 グラウンド 畑	スモーキー クォーツ	鍋物、豆類、 和菓子、練り物製品、 炊き込みごはん、 ピザ
三碧木星	水色 紺色 青	3・8	カラオケ店 劇場 楽器店	ターコイズ	野菜サラダ、 みかん、酢の物、 山菜、緑茶、 ハーブティー
四緑木星	緑 黄緑 深緑	3・8	空港 花屋 植物園	アベン チュリン	麺類、 うなぎ、あなご、 スモークサーモン
六白金星	ゴールド 白 シルバー	4・9	お城 一流ホテル 神社	ルチル クォーツ	豚肉、オムレツ、 ぎょうざ、天ぷら、 ロールケーキ
七赤金星	オレンジ ピンク	4・9	ファミレス 喫茶店 パーティー会場 （イベント会場）	ピンク トルマリン	鶏肉、キムチ、 カレー、ホットケーキ、 ナポリタン、 フライドポテト
八白土星	黄色 ベージュ	5・0	展望台 山 高層ビル	タイガー アイ	牛肉、じゃがいも、 さつまいも、いくら、 たらこ、ミルフィーユ、 サンドイッチ
九紫火星	赤 紫	2・7	映画館 美術館 図書館 プラネタリウム	アメジスト	カニ、ホタテ、 エビ、わかめ、 ゴーヤ、トマト

最大吉方の力を取り入れた開運財布のつくり方

最大吉方から割り出した開運カラーやナンバーは、じつはそのままふだんの財布の選び方、使い方にも活用できます。

金運をアップさせたいなら、開運カラーの財布を持つ。これも開運ポイントを生かす方法の一つです。

また、自分の最大吉方に関わるものだけでなく、ほしいエネルギーを持った星のアイテムもどんどん取り入れていくとよいでしょう。

気学では、**お金にとくに縁がある星は六白金星と七赤金星**です。六白金星、七赤金星の開運アイテムを身につけたり、取り込むことで金運がアップします。

ポイント1 財布の色の選び方

お金にもっとも縁がある色はピンクとオレンジです。反対に、いちばんお財布に向かないのは、経済が冷え冷えになるブルーです。赤も「赤字の財布」といって、使うと交感神経が高まりパッパと出してしまうため、お金が貯まらないといわれています。

赤と青が混ざった紫も、両方のエネルギーを持っているのでおすすめしません。**本命が一白、三碧、四緑、九紫の人は、緑も相性がよい**です。

ポイント2 新券を最低1枚は入れる

お札は必ず、新券を最低1枚は入れるようにしましょう。千円でも五千円でも一万円でもOKです。お札って、大事にしてくれるところに集まるので、みんなが無意識に大事にする新券がつねに入っているのは効果的なんです。

さらに私がこだわっているのは、**お札の表面左上と右下にある6けたの番号の中に開運ナンバーの入った新券を入れる**こと。数字は末尾のエネルギーがもっとも強く、次に頭出しのエネルギーが強いので、そのどちらかが開運ナンバーであればOKで、両方に入っていれば最高です。

ポイント3 5円玉の穴をふさぐ

5円はご縁（ご円）で、5円玉を金運アップのアイテムとしてお財布に入れている人は多いと思います。真ん中の穴からお金が流れないように、**穴にリボンを通して結び、ふさいであげると効果がよりアップ**します（左ページ参照）。

ちなみに、穴があるのはお金が流れることを意味するので、虫歯になると一気にお金がもれていきます。**歯を整えることは金運を整えることと一緒**。虫歯はすぐに治しましょう。

ポイント4
開運ナンバーコインの貯金をする

お財布に入れるお金以外にも、私がみな

開運ナンバーが入った硬貨は迷わず貯金を。ゴールドかシルバーの豚の貯金箱なら、さらに金運アップ！

大公開　私はこんな財布を使っています

長財布の真ん中の小銭入れには、リボンで穴をふさいだ五円玉(＝ご縁玉)など縁起のいいものや、大切な証明書を入れています

お札は居心地が悪いところからはさっさと出て行ってしまうので、長財布を使用。レシートは入れず、小銭入れも別に持っています

開運カラーをセレクト。私の場合はピンクとオレンジが運気を呼び込んでくれるラッキーカラーなので、その2色の入ったお財布を使っています

財布は家用と外用の二個持ち。こちらは家用です。気学では、お財布は毎年買い換えるのが基本。私は外で1年使ったお財布を、翌年は家での支払いなどに使う家用にしています

さんにおすすめしているのが開運ナンバーコインの貯金です。

たとえば1と6が開運ナンバーなら、平成十六年のコインは迷わず貯金箱に「チャリン」です。それを貯めていくと、「お金」と「よい運気」がダブルで貯まりますし、なによりお金を貯めるのが楽しくなりますよね。

ちなみに、コツコツお金が貯まるのは**「ブタの貯金箱」で、色はゴールドかシルバーが最適**。部屋の中心から見て南西の方向に置くのがおすすめです。コツコツ貯めるのを助けてくれるとともに、お金も育ててくれます。

やかんはコンロに置きっぱなしにしない

どんなに収入が増えても、ムダにどんどん遣っているとお金は残りません。最後に、ムダ遣いを減らすちょっとした習慣をお伝えします。

キッチンのシンクやお風呂の排水溝は汚れやすく、臭いも出やすい場所。気学では、「汚い」「臭い」を放っておくと、人間関係、金銭関係、健康面の問題が水面下で深刻化しやすいといわれています。

シンクや洗面所、排水溝などの水周りはこまめに掃除し、お風呂の残り湯も早めの排水と換気を心がけて、よいエネルギーを保てる状態にしましょう。

トイレのフタは開けっ放しにしないこと。

刃物は金属なので、いい加減に扱うと金運が流れてしまいます。

同じくやかんや鍋も「金物」で「金」。火の元であるコンロに置きっぱなしにすると、金を火で溶かすことになり、金運を失ってしまいます。

やかんはタイルなど土系の上において、鍋や包丁もコンロのまわりに置かずに使ったら収納しましょう。

やかんや包丁を置きっぱなしという人は意外に多いのでは？　いますぐしましましょう。土鍋は火と相性がいいので置いてもＯＫ

龍神のバックアップが「稼ぐ力」と「人脈力」をもたらす

小《お》野《の》寺《でら》S《エス》一貴《かずたか》

神社・古事記研究者。ソニーの関連会社でエンジニアとして活躍したのち、龍神の声を聞く妻とともに2015年に「チーム梵」を設立。龍神の声を聞きながら、神様と人間の関係を解明すべく、講演会や勉強会、神社参拝ツアーなどのイベントを広く開催。神様に対する理解向上を目指し、多くの仲間と奮闘している。著書に『妻に龍が付きまして…』（東邦出版）、『人生大好転龍神の教え手帳2018』（扶桑社）がある。

龍神を味方につけると、人生が大きく動き出す

龍神は遥か昔の存在ではなく、現代でもちゃんとこの世に存在しています。むしろ**いまは、人間より龍神のほうが多いくらい**なのだとか。

残念ながら、私には龍神の姿を見ることはできません。声を聞くこともできません。

それなのに、なぜ龍神を引き寄せる方法を知っているのか？

それは、妻・ワカのおかげです。妻は小さい頃から人の死を予感したり、霊的なことを感じやすい体質で、ある日突然、龍神の声が聞こえるようになったのです。

正直なところ、龍神の声が聞こえるなんて最初は私も半信半疑でした。ですが、妻から間接的に聞く龍神の教えを実行してみると、

1．ギクシャクしていた家庭内のことが改善した

2．今まで出会えなかった人たちとの縁ができた

3．必要なタイミングで必要な情報が届くようになった

……など、次々と事態が好転し始めたのです。それで、私自身も龍神の存在を信じるようになりました。

では、妻への質問形式で龍神についてご紹介しましょう。

Q1 龍神ってどんな存在？

A1 神様と人間の仲立ちをする、運び屋的な存在です ワカ

龍神は、神社にいる狛犬《こまいぬ》や獅子と同様、神様の眷属《けんぞく》。神様同士をつなぐだけでなく、人間の願いを神様に届け、神様からのご褒美を人間に運ぶ、いわば運び屋的な存在です。

龍神の1年は人間の100年に相当し、いままでは人間の数より龍神の数のほうが多

願いを叶えてくれるスピードの速さは龍神ならでは。龍神の後押しは、多少息切れしても受けとりましょう

いそう。

龍神は男性的で気が早く、願いを叶えてくれるスピードも速いのですが、その性急さに人間のほうが息切れしてしまうこともあります。

Q2 龍神の専門分野は何？

A2 直感や判断力を必要とする分野が得意です　ワカ

恋愛運や結婚運といったことより、**仕事運や勝負運に関することが得意**です。

龍神の教えを実行していると感覚が研ぎすまされて、驚くほど勘が働くようになります。たとえば、「このプロジェクトをいま進めるべきか？　やめるべきか？」といった決断の岐路にたったときに、意思決定の判断力が格段にアップします。

Q3 神様はなぜ人間の願いを叶えてくれるの？

A3 人間は神様の〝ごはん〟。お腹いっぱいになったお礼です　ワカ

神様は人間の「祈り」や「成長する魂」を食べてお腹を満たし、強く大きくなります。

人間は神様が食べるごはん、「神飯《かみめし》」。元気な魂、成長する魂、つまりはイキのいい魂ほどおいしいそうです。お腹いっぱいにしてくれたご褒美として、神様は私たちの願いごとをかなえ、幸運をさずけてくれるのですね。

一方、**龍神は自分が守っている人間が成長するとレベルが上がります**。そのため、神様の遣いとしておいしい「神飯」を育てるために、人間にことあるごとにチャンスを与え、魂の成長を促します。つまり、龍神の教えを実行することによって、自分の魂を磨いていけば、どんどん幸運が舞い込んできます。

ちなみに龍神は、格が上がると青や緑の色から白っぽい明るい色へと昇格していき、

龍神は空からイキのいい魂を探している!?　神飯認定されるようにアピールしましょう

最終的により神に近い存在に神上がりすると鳳凰になるそうです。

私の身のまわりに起こったこんな出来事

頼もしい龍神をパートナーにしたくなりましたか？　たとえ姿は見えなくても、龍神を味方につけることはできます。

では、龍神の教えを実行していくうちに私に起こったさまざまな変化をお伝えしましょう。龍神の個性もよりわかっていただけると思います。

変化1　物事のタイミングがばかみたいによくなった

龍神の教えを実践していると、ずっと会いたいと思っていた憧れの人との縁がつながりました。また、「ここぞ！」というタイミングで勝負に出られるようになりました。**スピード感が問われる現代において、タイミングのよさは武器になります**。即断即決できるようになり、物事がうまく回り出したのは、まさに龍神のおかげです。

ここがポイント！

龍神は「時の運」を運びます。なので、物事のタイミングがよくなったら、間違いなく龍神が味方してくれている証拠です。

龍神がいちばん嫌うのは、「あれがしたい」「これがしたい」と口にしながら、何もせずにムダな時間を過ごす人です。とりあえず行動していれば、なにかしらよい方向に導いてくれるのが龍神の懐の深さなのです。　**ワカ**

変化2

龍神は本当の願いを汲み取ってくれる

以前、こんなことがありました。デザイナーの友人が引っ越しをしたがっていて、

願った手段と違うことはあるけれど、龍神は必ず願いごとを叶えてくれます

その資金として100万円ほしがっていたのですね。結婚したことで手狭になったのと、仕事の事務所を兼ねた家にしたいと、広めの家に移ることを望んだのです。

あいにく友人は100万円を手にすることはできなかったのですが、その後、仕事を通してタイミングよくスポンサーが出現！　家族で快適に過ごせ、仕事をするのに最適な物件を見つけ、引っ越すことができたのです。

いまでは家庭も仕事も順調です。もちろんスポンサーになってくれた人にも、よい仕事をすることで喜んでもらっています。

「お金」という手段ではなかったけれど、結果はオーライ！　**龍神は自分でも気づかない本当の望みを汲み取ってくれる**ことがわかりました。

ここがポイント！

友人の本当の望みは、お金ではなく家。人間レベルでは、お金で解決しよう、と短絡的な考えをしてしまいますが、龍神は「スポンサー」という、人間の思いもよらない方法で望みを叶えてくれました。

大切なのは目標であって、目的地をはっきりさせていれば、そこへ行き着く方法にこだわる必要はないですよね？　**ゴール設定さえしておけば、道順はどういう形**

であれ、龍神や神様が導いてくれます。設定した後は、やるべきことをしっかりその目標に向かってがんばっていれば、不安になることはないのです。

ただし、龍神がいくら人との縁を運んできてくれても、その人が人との関わり自体を嫌っていては願いは叶えられません。率先して人と会い、話をしてみましょう。

会社の飲み会などに参加したことがない人も、率先して参加することをおすすめします。龍神が運んできてくれる縁の入り口を広げましょう。

人と出会わない人は、仕事との縁も、お金との縁も、恋愛の縁も結べません。どんなに神様に祈っても、これぱっかりは人間にしかできないことなのです。 **ワカ**

変化3 小さい自己満足がじつは大事とわかった

電車やバスで人に席を譲ったり、道に落ちているゴミをゴミ箱に入れたり。**ちょっとした「いいこと」を実行するようになりました**。

電車の中でお年寄りに席を譲りたいと思ったのに、躊躇してそのまま声をかけられず、後悔したことはないでしょうか？

そういう小さな後悔でもやもやするなら、思い切って声をかけようと思えるようになりました。たとえ自己満足だとしても、自分が気持ちよくいられる時間を増やしたほうが、魂の成長につながります。

ここがポイント！

自分の魂を喜ばせることって本当に重要です。さらに他人の魂を喜ばせることで運の貯蓄になります。幸運ポイントが貯まるのです。

このポイントに応じて、願いが叶う規模も変わってきます。

自分の魂を喜ばせるために、ふだんの持ち物も、自分が使っていて気持ちのいいものを使っています。とくに財布は一日に何度も触って、身につけて使うものなので好きなものを使うのがいちばん。

「金運が上がるから」という理由で、好みじゃないものを無理して使っても意味がないでしょう。だって、自分の気持ちがワクワクしませんよね？　龍神はワクワクする心に引き寄せられます。ワカ

それにお金は世の中を動かすエネルギーなので、自分の好きなものに入れたほうが使っていて気持ちがいいですし、何より大切に扱おうという気持ちになります。そうするとお金も、この財布は居心地がいいなと思ってくれるのです。

大公開　私はこんな財布を使っています

お札は頭を上に。お財布からお金が出て行かないように紙幣の頭を下に入れる人もいますが、お金には心があります。逆さまに入れられては居心地も悪いもの。それぞれの紙幣をきれいにそろえて入れるとお金も喜びます。お金に対する礼儀を身につけると、お金も居心地のいい財布に戻ってきてくれると思っています

戸隠神社九頭龍社のお守り。その他のお守りは神棚に上げておき、出かける場所に応じて身につけています

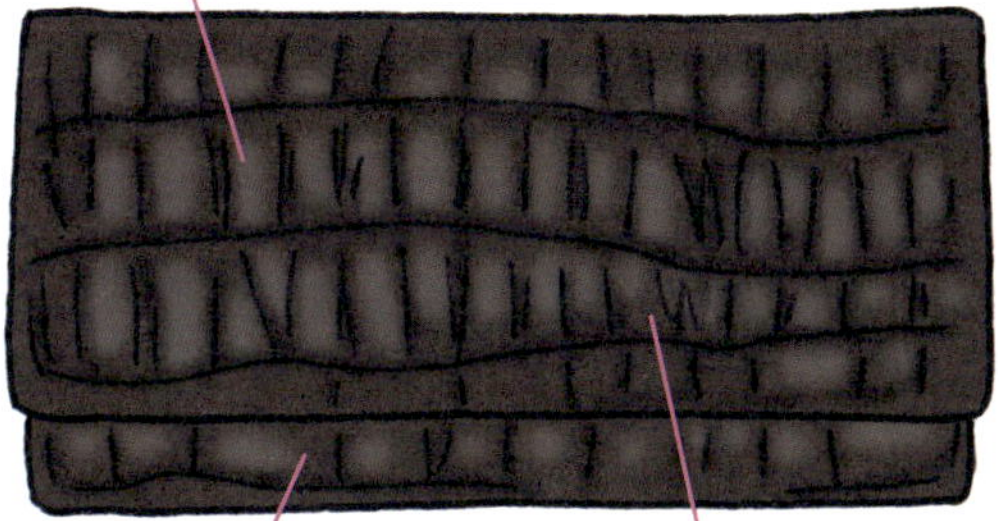

レシート類はお財布の中に溜め込みません

どっしりした手触りと素材が気に入って購入しました

ちなみにワカの財布は…

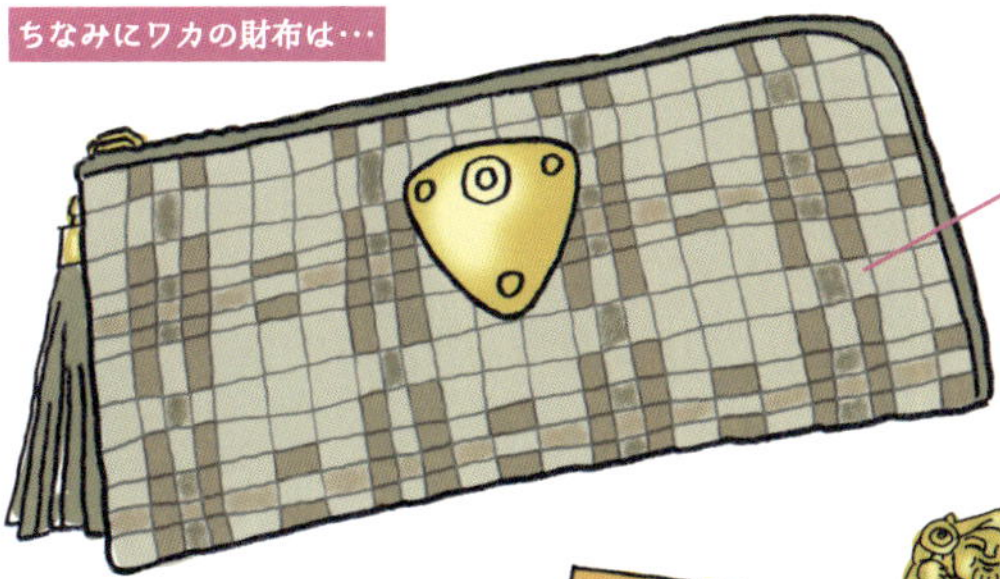

使いやすさと質感を重視。色も自分が好きな白をベースに選びます

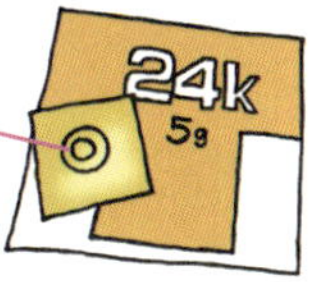

夫の祖父の形見である、24Kの金板をお守り代わりに入れています

神社のおみくじに付いてきた大黒様のお守りを入れています

変化4 うまくいっているときほど、いい意味で調子にのる！

物事がトントン拍子に進むと、調子がよすぎて怖くなることがありますよね。そんなとき、「せっかく龍神が後押ししてくれているのだから、自分ならできる！」と突き進めるようになりました。

その結果、新しい縁ができ、さらに新しいチャンスにつながったと思っています。

ここがポイント！

せっかくのチャンスに立ち止まってしまうと、龍神は「せっかく成功への道をつくったのに、本当はやりたくなかった？」といじけてしまい、後押しするのをやめてしまいます。うまくいっているときは、思いっきり調子にのっていきましょう。

やめておいたほうがいい場合は、**ことごとくタイミングが合わなかったり、直前で大きなトラブルが起きたり**、龍神からの何らかのメッセージがあるので大丈夫です。 ワカ

意識さえすれば、誰でも龍神を味方にできる

龍神の力はわかった。では、どうやったら味方になってくれるのでしょう？

龍神は神様の使いなので、まず私たちが神社に参拝することを喜びます。ですが、ここはもっと簡単に、自宅でできることを紹介しましょう。

1 龍神に名前をつける

龍神を〝意識〟することが龍神を引き寄せる第一歩。妻が言うには、「私には龍神がついている」と思っていると、いつの間にか本当に龍神ついているそうです。

とくに名前をつけると効果的。どんな名前でもかまいません。名前をつけると親しみを感じますよね？　そして今日あった出来事などを、なるべく語りかけましょう。

「龍神なんているわけない……」と思ってしまうのはもったいないです。いないと思えば、龍神は「ついてほしくないんだ」と離れていってしまいます。

2 水回りの掃除をする

龍神は、水に関係する場所が大好きです。お風呂、トイレ、台所、洗面所などの水回りはつねにきれいにしておきましょう。とくにお風呂は禊《みそぎ》の場でもあるので、排水溝の詰まりやぬめりがないよう、カビ取りもこまめに行ってください。

部屋の掃除も重要です。というのも部屋を片づけることが、いるもの、いらないものを取捨選択する練習になるからです。

ちなみに、ポケットに小銭だけ入れて、手ぶらで外出するのもおすすめです。鞄を持たずに出かけると、最初は不安を感じますが、しだいに「本当に必要なものってじつはそんなにない」ことがわかってきます。

取捨選択の練習をすると、叶えたい願いを間違えなくなります。人生においてなにが必要なのかも見えてくるのです。

3 窓辺に水を置き、神様に呼びかける

先ほどお伝えしたように、龍神は水場との関わりが深いので、**川辺に出かけると龍**

窓辺に置いたお水は、いわば"龍神ホイホイ"。呼び込むには、「龍神はいる」と意識することから

神との遭遇率が高まります。もちろん意識すればどこでも会えますが、わざわざ会いに来てくれたと思えば、龍神たちも喜びます。

近くに川がない場合も安心してください。**朝起きて窓を明け、窓辺にコップ1杯の水を置いて「どうぞおいでください」と龍神を招き入れる**と同様の効果があります。

できれば東向きの窓がおすすめですが、それほど方角にこだわる必要はありません。「龍神がいる」と自分自身で意識することが大切です。

「外付けの器」をつくって金運の器を広げる

透明先生

幼い頃より特殊な力を持ち、仏教から陰陽道、古占術、運命学など、古今のあらゆる占いの知識と技術に通じている。口コミで鑑定希望者が増え続け、現在は会員制に。鑑定が受けられない人のお悩み解決の糸口になればと、ブログを開設。鑑定の話や業界の裏話、幸せに生きていくためのヒントを日々伝えている。著書に『最高の開運』（KADOKAWA）がある。

金運は「器」によって決まっています

はじめまして、占い師の透明です。

幼少の頃、高名な師に師事して仏教を学び、その後に神道、陰陽道、古占術、運命学、仙道、道教、宿曜占星術など、あらゆるジャンルの知識と技術を習得してきました。そこでわかったのは、**金運にも「器」がある**ということです。

よく、心が広く包容力のある人を指して、「あの人は器が大きい」などと言いますよね。一生のうちどのくらいの量のお金が入ってくるかも、その人の持つ金運の「器」の大きさで決まっているのです。

少しスピリチュアルな話をします。

人は生まれてくる前からこの世での生き方、大まかな指針を決めてきています。その内容が書かれた**〝木〟のようなかたちをした設計図が「木人図」**。この設計図を観ると、その人の大まかな人生の流れがわかります。

この木人図によると、一生をかけて金運の器に入ってくるお金が、生涯年収になります。ただ困ったことに、**いったん入って出て行ったお金も、生涯年収としてカウン**

誰しも金運の器を
持っており……

その器に入ってくるお金が
生涯年収になります

ただし、いったん入って出ていったものも含まれるので、器が大きければつねにお金持ち、というわけではありません

トされているのです。

そのため、かつては裕福だったものの、さまざまなトラブルがあって大金を失い、最終的に手持ちのお金がわずかになったとしても、木人図の計画どおりにたくさんの金運を授かったことになります。宝くじに当選したものの、お金の使い方を間違って不幸になるといった場合も、このようなケースの一つでしょう。

金運の器の大きさは初めから決まっていて、手持ちのものを大きくするのは大変ですが、「外付け」の金運の器をつくって、トータルで器のサイズを広げましょう！というのが私の提案です。そして、**その外付けの器こそが、お財布**なのです。

使うためのお金を入れたお財布と、器としての財布の２つ持ちを提案します

「外付けの器」、財布を持ち、育てる

ただしこの財布はお金の器を広げるための「外付け」の器なので、ふだん使いはしません。**お守りのようなものだととらえ、生活費などを入れておく財布は別に用**

意してください。

これは、現在使っている財布でもかまいませんし、とくにこだわる必要はないと思います。私自身は、ふだん使いのお財布自体持っていなくて、封筒を使っているくらいです。

では、金運がアップする外付けの器（財布）のつくり方を紹介します。

方法1 自分に合った材質を選ぶ

財布の材質も色もお好みのものでよいのですが、できれば自分と相性のよい財布を選びましょう。

相性の良し悪しは、いわゆる「オーリングテスト」でチェックできます。やり方は、

・左手に財布を持ち、右手の親指と中指

引っ張ってもらって指がはずれなければ相性は良好。椅子を使えば一人でもチェックできます

の先をくっつける

- 誰かに引っ張ってもらう

このとき、親指と中指が離れてしまうなら、その財布はＮＧです。力負けするというより、指に力が入らず、勝手に指が離れてしまう感覚があります。

一人でチェックする場合は、こんな方法もあります。

固定された棒状のものを親指と中指で囲み、そのまま指をくっつけたまま引っ張ります。このとき、指が離れて棒を通り抜けてしまったら、相性が悪いということです。イスのひじかけなども使えます。親指と中指ではさんで上に引っ張り、指がすぐ離れるかどうか、でチェックできます。

方法２ 長財布を選び、サイズもチェックする

長財布をおすすめする理由は、風水に根差しています。ちゃんとした理由があるのですが（222ページで紹介します）、ここでは手っ取り早く、金運を呼び込むための理想的なサイズをお伝えします。

横16〜23㎝×縦8〜11㎝×マチ（幅）3・5㎝以下。

これはほぼ、平均的な長財布のサイズと一致しているので、**長財布を得べばこの条件はクリア**できます。

ただし、レシートを入れっぱなしにしたり、必要のないカード類まで持ち歩いたりすると、マチ（幅）はすぐに3・5㎝を超えてしまうので注意しましょう。

方法3 奇数並びの額を入れておく

日常使いするお財布ではありませんが、お金は入れておきます。

金額は男女で違い、**男性は運命学で男を表す数字「5」のつく額が、女性は同じく運命学で女を表す「3」のつく額がおすすめ**です。具体的な金額で言えば、男性なら55555円、女性なら33333円などです。

陰陽説では、奇数を〝陽〟と考えるので、奇数の額を意識するとよいでしょう。

陰陽説では、奇数は動を呼び込み、偶数は静を呼び込むとされ、動きのある奇数は、陽の気質となります。とくにお金の流れなどでは、収入を呼び込む動の気質が大切になるため、陽の気質である奇数であることが重要なのです。
私の「外付けの器」には、つねに55555円を入れておくようにしています。

方法4 神社やお寺で出たおつりを入れておく

神社でお守りやお札を買ったときに、**おつりとして戻って来たお金はラッキーアイテム**になります。そこの神社の神気が入っているので、「外付けの器」に入れておきましょう。この場合も、男性は「5」、情勢は「3」の数字で揃えるのがおすすめです。

また、小銭はお賽銭用に使ってもいいと思います。日常使いの財布とは別の場所に

男性は「5」並び、女性は「3」並びをお財布に

お賽銭用として保存しておきましょう。

方法5 「外付けの器」は長年かけて育てていく

財布はその年の運気を呼び込む物なので、毎年買い替えるのが吉。ただし、これはあくまでもふだん使いの財布の場合です。

「外付けの器」としての財布は、いわば金運アップのためのお守りのようなものです。**大切に扱い、数年かけて育てていきましょう**。

寝かして家宝を待つものなので、とくにお札などの入れ替えは必要ありません。もし、家に置いておくのであれば、**金運を司る方位・西**などにしまっておいてもよいと思います。

神社からのおつりはラッキーアイテム。使わずに保存しておきましょう

極端なストック癖は金運を下げる

最後に金運を下げる意外なNG行動についてもご紹介しておきますね。

「備えあれば憂いなし」とは言いますが、日用品などの過剰なストックはおすすめできません。物が多くなり空間をふさぐ、整理整頓が行き届かない、というマイナス面もありますが、いちばん大きな理由は**ストックすること＝不安の表れ**だからです。

じつは金運は、守りより攻めの姿勢についてきます。「心配だからストックしておこう」という姿勢よりも、「なくなったらまた買いに行こう。歩いて行けば運動にもなるし」という姿勢のほうにお金は舞い込んでくるのです。

運気は気持ちが6割、という考え方もあります。悪いことが起きると思えば起きるし、いいことしか起きないと思えば起きません。必要のない不安はなるべく抱かないこと。

物置やパントリーを見直してみて持ちすぎていると思ったら、これ以上は買い足さないなど、ストック量を調整してくださいね。

大公開 私はこんな財布を使っています

5のつく額 55555円を
入れています

ヘビ皮の財布を使っています。ヘビは脱皮を繰り返す＝成長の力が強い、という意味で吉（ただし脱皮した皮を使っているもの）

星の飾りはお守りとして、こだわってつけてもらいました

「外付けの器」として使用している長財布。すでに15年くらい大事にしています

COLUMN

魯《ろ》班尺《はんじゃく》でサイズの吉凶がわかる

２１６ページで紹介した金運を呼び込む財布のサイズは、「魯班尺」を使って算出しています。

魯班尺は簡単に言うと、長さ・高さ・幅など、長さの吉凶を判断するメジャーのこと。おもに風水で使われています。

一般的なメジャーのようなcmやmmの目盛りと一緒に、さまざまな風水用語が書かれており、目盛りが赤字なら吉、目盛りが黒字なら凶を表します。

二つ折の財布を使うと、お札が折れ曲がる、窮屈である。だから金運が上がらないという説もありますが、それ以上に、二つ折りの財布は凶の目盛りに当てはまってしまうことが多い、というちゃんとした理由があるのです。

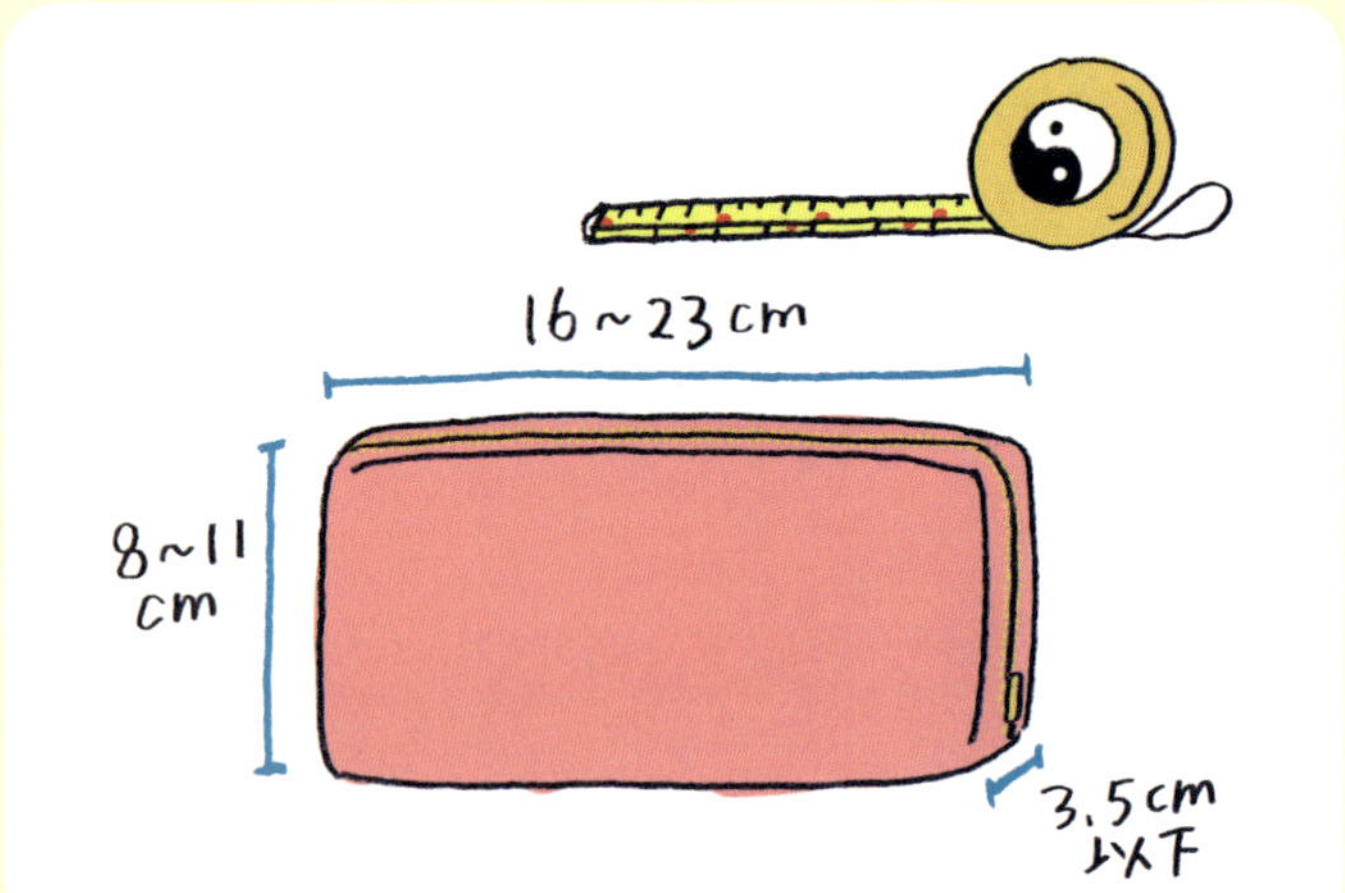

好きなものにお金を使うとお金が幸せな循環をし始める

タマオキアヤ

スピリチュアルコンサルタント、実業家。外資系製薬メーカーの営業職をしながら、2016年3月にブログをスタート。スピリチュアルとビジネスを結びつけ、自分らしい人生を創造する独自のノウハウを確立し、同年5月に起業、6月にサラリーマンを卒業する。著書に『宇宙の法則を使って「人体実験」に成功しました』（光文社）、『お金も恋もするっと手に入る すごい秘密』（KADOKAWA）がある。

「お金は苦労して稼ぐもの」なんて思い込みです！

はじめまして、スピリチュアルコンサルタントのタマオキアヤです。

私はかつてサラリーマンをしながら、「心のままに生きたら豊かになれるのか？」という実験を半信半疑で試したことがあります。その結果は後述しますが、現在はそのときの経験をもとに、自分らしさを引き出し、夢を叶えるための方法をみなさんにお伝えしています。

私のところに相談にこられる方は、みなさんまじめで、がんばりやさん。共通して「仕事だから、がまんすることがあっても当たり前」「お金はがんばって（または苦労して）稼ぐもの」と考えています。

でも、**お金ってがんばらなくても入ってくる**んですよ！

少しだけ、私の話をさせてください。私は中学生のときに父が急死してから、「私ががんばらないと！」という一念で走り続けてきました。女だからってバカにされたくない、男に負けたくないという気持ちで大学に入り、大手製薬メーカーに就職。でも、本当の自分の弱い部分を抑え込んでいたためか、仕事も職場の人間関係もうまくいきませんでした。

精神的にも追い詰められて、半年以上血便が続き潰瘍《かいよう》性大腸炎と診断されたこともあります。

がんばることに疲れ果てた私は、スピリチュアル系の本に書かれていた、「がんばらないことが大事」「あなたはそのままで素晴らしい」という言葉に救われながら、そこに書いてあることを本気で実践してみようと考えたのです。

たとえば、「こんなことを言ったらバカだと思われるんじゃないか」と思ってできなかったことを素直に質問してみました。意識的にがんばらないようにして、できないことはできないと正直に言うようになりました。

そうしたら不思議なことに、人間関係がよくなったのです。慢性的な生理不順や肌荒れもなくなり、潰瘍性大腸炎も完治。営業成績もよくなりトップセールスに。20代後半で年収900万円近くになりました。

私が本書を通していちばんお伝えしたいのは、「お金は苦労して稼ぐもの」なんてただの思い込み！　だということです。

サラリーマンを辞めたいまも、相変わらずがんばっていません。でも**収入はおかげ**

さまで倍以上になりました。仕事量はサラリーマン時代より大幅に増えています。けれど、好きなことを仕事にしているのでがまんする必要がないし、無理してがんばっている感覚ではないのです。

私が自分の経験から痛感したのは、金運を引き寄せる上でも、生きる上でも、自分の魂に従った選択をしていくことの大切さです。**本当に魂から満たされると、後から自然と収入はついてくることがわかった**のです。

幸せなお金持ちになるのを邪魔するお金の呪縛

「お金は苦労して稼ぐもの」がただの思い込みであることを実感いただくために、まずはお金に対してネガティブな感情をもっていないかチェックしてみましょう。

簡単な質問をしてみますね。

「お金はどうすればもらえると思いますか？」

答えはでましたか？

お金は労働の対価と考えた人が多いのではないでしょうか。

ちなみに以前の私は、「がまんしたらもらえるもの」と答えていました。クライアントのA子さんもそんな一人です。

A子さんには、子供が二人います。

一人目を出産したときのA子さんは、「子持ちになったことを負い目に感じたくない」という気負いから、子育てをしながら出産以前より働いて年収がアップ。しかし、二人目を生んで間もなく無理がたたり、お医者さんに「仕事をセーブするように」と言われてしまいました。

そこで減額している収入を再びアップさせたいけれど、思うようにいかないという

「がんばらないとお金は稼げない」。その思い込みがお金を遠ざけています

のが悩みです。

がんばって働くことで稼げた経験があるので、なおさら努力して、しんどい思いをしなければ稼げない、という思い込みになっているのですね。

「がんばりすぎなくても稼ぐ方法はあるのかもしれない」

そう思えるようになると、不思議なことに**目の前にヒントとなる人物を登場させてくれます**。たとえば、子供が３人もいるのに（A子さんより多い！）、楽しそうに自分の好きなことで稼いでいる人、といったように。

そういう人もいるんだ、と事実を受け止められると、これまでの自分の考え方が思い込みであることをより強く実感します。

すると、また別の、自分が理想とするような生活をしている人との縁ができ、「自分だって同じようなことができるかもしれない！」といったプラスの考え方のサイクルに入ることができるのです。

エネルギーはすべてなりたい方向に向けてこそうまくいく

ではなぜ、がまんしてはいけないのか？

その理由は、エネルギーが散漫になってしまうからです。

「人にどう見られるだろう」

「あの人みたいになりたくない（↓だからがまんしてがんばらなきゃ！）」

「いいな、あの人は……」

人ひとりが持つエネルギーの量は決まっているのに、こんなふうに他人基準の方向にエネルギーを向けてしまうと、本来なりたい方向にエネルギーを注げません。

エネルギーがポジティブかネガティブかは関係ないですよ。**たんに願いに対するエネルギー量が多ければ叶います**。なのに叶っていないのだとしたら、エネルギーが自分のなりたい方向へすべて使えていないことを意味します。

だからがまんしてはいけません。

お金をたくさん稼ぐのはいけないこと？

ではもう一つ、質問しますね。

理想の月収はいくらですか？

その月収がいますぐ手に入るとどんな気持ちになりますか？


もしかすると、これだけの月収がほしいと思ったはずなのに、いざ理想の収入が手に入ったら、「こんなにもらっていいんだろうか……」などの戸惑いがあるかもしれません。

お金を欲しているのに、あるいはたくさん稼ぎたいのに、**いざチャンスがくると尻ごみしたり、気持ちと正反対の行動をとってしまう**のはなぜでしょう。

それは、自分の中にお金を遠ざける感情があるからです。

「たいしたことをしていないのに、こんなにもらっていいはずがない」

もしそう思っているのだとしたら、**自ら年収を下げています**。

もらいたい金額はあなたが好きに決めていいんです。「お金がほしいと思うなんてはしたない」などと思わないこと！

ちなみに、**お金持ちってヘンなことをしてお金を稼いでいない**ですよ。でも、立派な人でもえらい人でもありません。

私自身、お金持ちと日常的にかかわるようになって、お金はあっても人徳は別かも、と思うようになりました。**お金持ちとは、入ってくるお金を素直に受け取れる人たち**だったのです。

「お金がほしい」の深層心理は別のところにあることも

「お金があったら旅行に行きたい」

「好きなものを買いたい」

「会社をやめたい」

お金がほしい理由は人それぞれです。けれど一つひとつ考えてみると、開放感や爽快感、将来への安心や自由がほしかったりする。つまり、お金がほしいというのは建前で、本音は別のものを欲しているのです。

女性の場合は、高収入の男性と結婚してちょっとラクしたいな……という気持ちになることがあるかもしれません。でも、それも同じこと。「結婚したらラクになれるかも」から始まる結婚生活は必ずしんどくなります。彼女が心からほしい安心や自由は、結婚すれば自動的に得られるものではないからです。

本当に必要なことは、仕事のペース配分を調整することだったり、計画的に貯金をして安心することだったり、別のところにあります。

お金があっても、経済的に安定しても、魂が満たされていないと意味がないということを覚えておいてくださいね。

友人との楽しい時間をもったり、おいしい食事を味わったり、魂を満たすことがいちばん大事です

自由なお金持ちになるために今日からやること

では、がまんすることなく幸せなお金持ちを目指していきましょう。その方法はたったの2つだけです。

方法1 好きなことにお金を使うとお金が増える

いちばん手っ取り早いのは、**自分にとっての「お金のツボ」を知り、育てること**です。お金のツボとは、ズバリあなたの好きなことです。

お金はエネルギーだから、入って留まるものではなく循環するもの。ですが、お金には、循環するお金とそうでないお金があります。

「夢を叶えるためには好きなことをやりなさい」とはよく言われることですが、それには理由があります。好きなことやワクワクすることをやると、**私たちの肉体を構成する粒子の周波数があがってエネルギー値が高まり、そのエネルギーに見合ったものを引き寄せる**からです。エネルギー値が高く、喜びが喜びを呼んで循環するお金は「愛のエネルギー」のようなものです。

不思議なもので、**ストレスを発散するためにお金を使うと、ストレスをため込むようなお金の稼ぎ方しかできなくなります**。自分の心地よさやときめきを無視したことに使うと出て行く一方ですが、魂の声に従った素直な使い方をすれば、使っているのにお金が増えていくのです。

方法2 お金を使うところに、お金を稼ぐヒントがある

自分がどんなことにお金を使い、どんなルートで収入を得ているのかを知ると、自分の愛のエネルギーであるお金の使いどころがわかります。

たとえば私は学生の頃からスピリチュアルの分野に興味があり、人が生まれてくる意味や、この世の真実を知るためにお金を費やしてきました。

それが自分ならではの豊かさを育てるルートとなって、いまは多くの人の「自分らしさ」を引き出す方法を提供することでお金を得ています。

そうして得たお金は、学びにきてくれた人すべてを幸せへと導くために再投資しています。

宇宙のメカニズムとして、お金の入り口と出口は一緒です。「出たら入る」を繰り

返すことで、お金の出入り口はどんどん大きくなっているのです。

もっと金運UP！

好きなことがわからない、は「重症」です

「好きなことがわからない」

これってじつはかなり重症だと思うのです。**自分の好きなことがわからないということは、自分の魂の声がまるで聞こえていない**ということですよね。

かわいい物を集める、ネイルをキラキラに整える、おいしいものを食べる。誰にでも、「これにならお金を使っても惜しくない」と思えることが何かしらあるはずです。

それがわからなくなっている人は、心が擦り切れるまでがんばりすぎたり、疲れすぎている証拠。心が麻痺した状態が当たり前になっていませんか？

「好きなことがわからない」深層心理に、**「お金になる」好きなことがわからない気持ちが潜んでいる**ことも多いものです。それはつまり、

「自分の好きなことでも、お金にならなければ価値がない」

「自分の感性よりも、お金のほうが優先順位が上」

だと思っているということです。

好きなことというのは、お金になるかどうかは関係ない、自分だけの楽しみのことです。「好きなこと」が見つからないなら、まずは**お金になるかならないかという視点をはずしてみましょう**。

フラットな視点で好きなものを見つけてエネルギーを向ければ、あなたが自由に収入を得るための道が見えてきます。

お金を使う練習をしよう

まだお金持ちになっていないいまから、お金を使う練習をしてほしいのです。**「お金持ちになってから」ではありません**。

お金をたくさん受け取りたいなら、いずれはそれと同じ金額を使えるようになってください。お金の出口と入口は同じなので、**出口を広げておけば、入口も広がる**からです。たくさん受け取りたい人は、使う練習も必要ですよ。

ただ、そうお伝えすると「贅沢をすればいいのね」と勘違いされることがありますが、それはお金に主導権を握られた考え方です。

使うなら魂が喜ぶことを。たとえば長年行ってみたかった場所に旅をして、ずっと泊まってみたかったホテルに泊まってみる（これは高級ホテルとは限らないですよね）。お金を使うことに慣れればいいのではなく、「魂が満たされているかどうか」をつねに意識してくださいね。豪華なディナーをするより、大好きな猫のお腹を触っているほうが、魂が満たされることだってあるのですから。

お金を使う練習は、長年やってみたかったことなどがおすすめ。贅沢をすることが重要なのではなく、ポイントは「魂の充足感」です

大公開 私はこんな財布を使っています

ゴヤールのマチつきの財布を使用。このお財布、100万円分のお札が入るんです！　願掛けといいいいますが、そのくらいの出納が自分にとって当たり前になるように買いました

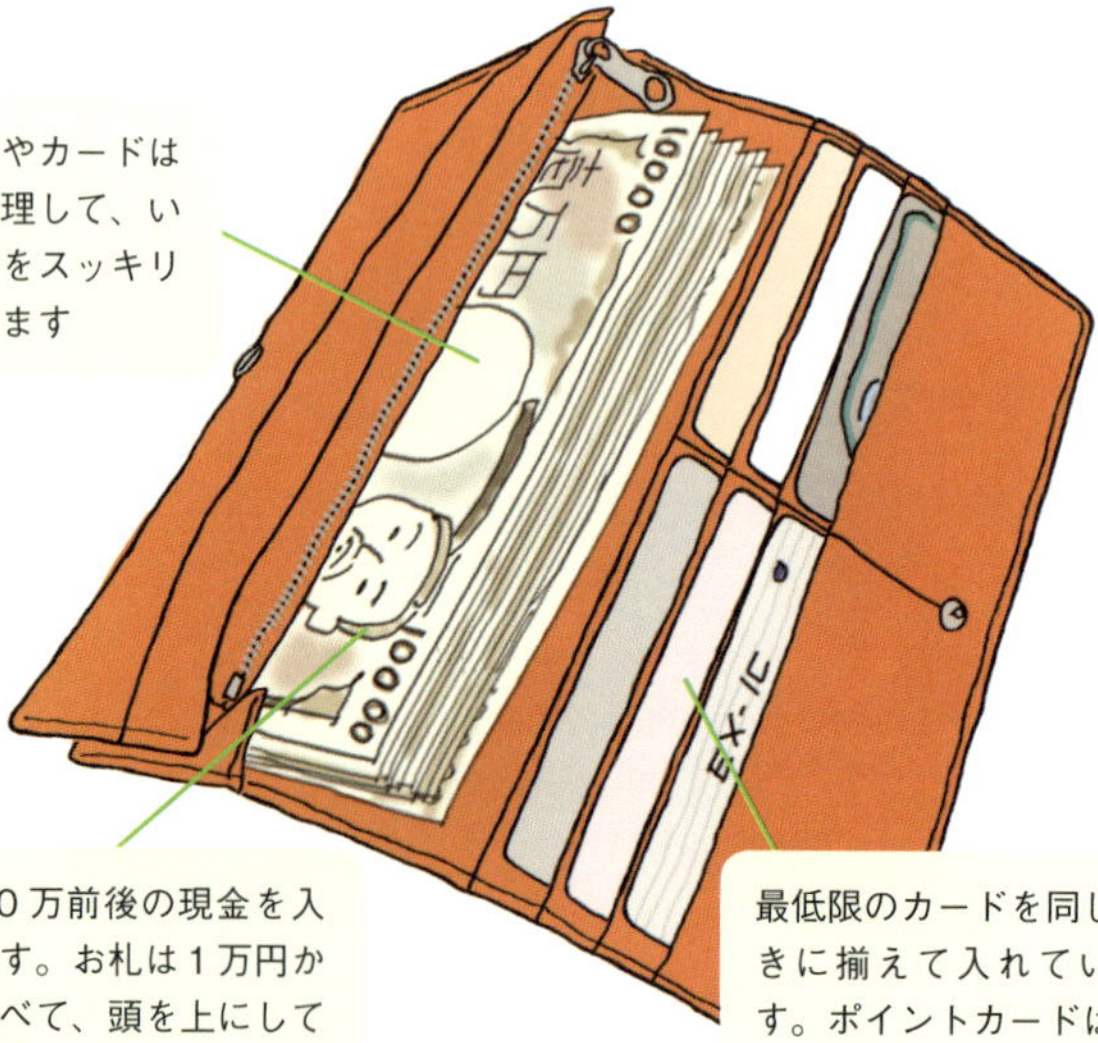

レシートやカードはすぐに整理して、いつも中身をスッキリさせています

いつも10万前後の現金を入れています。お札は1万円から順に並べて、頭を上にして揃えて入れます。ふだんは出納履歴を管理するためカード支払いが多いです

最低限のカードを同じ向きに揃えて入れています。ポイントカードはつくりません

じつは夫婦でお揃いの財布を使っています。二人で、脱サラして自由に生きていく決意をしました。仕事もプライベートも二人一緒で、会計はすべて主人にまかせています

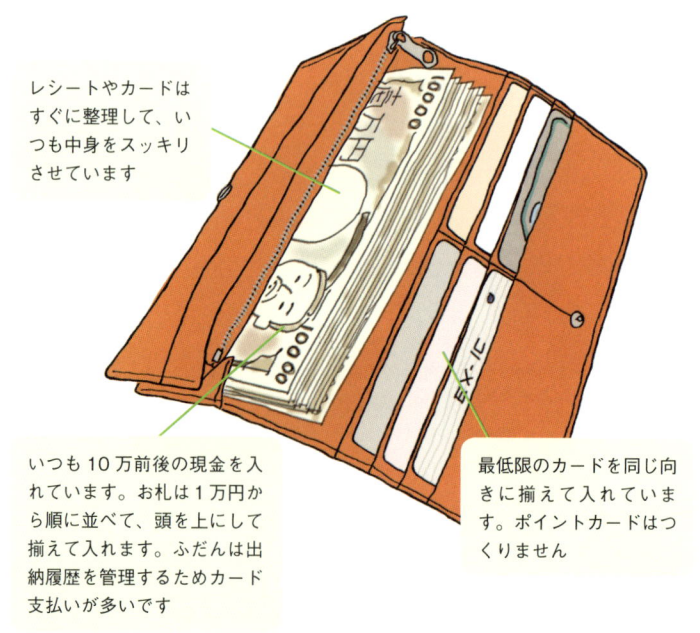

強運《きょううん》研究会《けんきゅうかい》

神社参拝から引き寄せ、占いまで……
強運になるための方法を
日々研究している有志の会です。

カバーデザイン　tobufune（小口翔平）
本文デザイン　岡崎理恵
カバーイラスト　ニシワキタダシ
本文イラスト　コマチハナコ
編集協力　江藤ちふみ、斎藤真知子、関本陽子、
田中麻衣子、浜野幸江
DTP　佐藤史子

14人の開運《かいうん》プロフェッショナルに聞《き》いてきました

一生《いっしょう》お金《かね》に困《こま》らない金運《きんうん》の身《み》につけ方《かた》、教《おし》えてください！

2017年12月21日　初版発行

著　者　強運研究会《きょううんけんきゅうかい》
発行者　川金正法
発　行　株式会社KADOKAWA
〒102-8177　東京都千代田区富士見2-13-3
電話　0570-002-301（ナビダイヤル）
印刷所　株式会社廣済堂

KADOKAWAカスタマーサポート
［電話］0570-002-301（土日祝日を除く11時～17時）
［WEB］http://www.kadokawa.co.jp/（「お問い合わせ」へお進みください）
※製造不良品につきましては上記窓口にて承ります。
※記述・収録内容を超えるご質問にはお答えできない場合があります。
※サポートは日本国内に限らせていただきます。
定価はカバーに表示してあります。

ISBN 978-4-04-069603-4　C0076